essentials

Essentials liefern aktuelles Wissen in konzentrierter Form. Die Essenz dessen, worauf es als „State-of-the-Art" in der gegenwärtigen Fachdiskussion oder in der Praxis ankommt, komplett mit Zusammenfassung und aktuellen Literaturhinweisen. Essentials informieren schnell, unkompliziert und verständlich

- als Einführung in ein aktuelles Thema aus Ihrem Fachgebiet
- als Einstieg in ein für Sie noch unbekanntes Themenfeld
- als Einblick, um zum Thema mitreden zu können

Die Bücher in elektronischer und gedruckter Form bringen das Expertenwissen von Springer-Fachautoren kompakt zur Darstellung. Sie sind besonders für die Nutzung als eBook auf Tablet-PCs, eBook-Readern und Smartphones geeignet.

Essentials: Wissensbausteine aus Wirtschaft und Gesellschaft, Medizin, Psychologie und Gesundheitsberufen, Technik und Naturwissenschaften. Von renommierten Autoren der Verlagsmarken Springer Gabler, Springer VS, Springer Medizin, Springer Spektrum, Springer Vieweg und Springer Psychologie.

Melanie Neumann · Kathrin Heck

Introvision bei Stress- und Angstbewältigung

Kurz-Manual für Psychotherapeuten, Coaches und Berater

Springer

Melanie Neumann
Hamminkeln-Marienthal
Deutschland

Kathrin Heck
Hamburg
Deutschland

ISSN 2197-6708
ISBN 978-3-658-12034-4
DOI 10.1007/978-3-658-12035-1

ISSN 2197-6716 (electronic)
ISBN 978-3-658-12035-1 (eBook)

Die Deutsche Nationalbibliothek verzeichnet diese Publikation in der Deutschen Nationalbibliografie; detaillierte bibliografische Daten sind im Internet über http://dnb.d-nb.de abrufbar.

Springer

Gedruckt auf säurefreiem und chlorfrei gebleichtem Papier

Springer Fachmedien Wiesbaden ist Teil der Fachverlagsgruppe Springer Science+Business Media
(www.springer.com)

Was Sie in diesem Essential finden können

- Warum die Introvision eine wirksame psychotherapeutische Methode bei stress- und angstassoziierten Erkrankungen ist
- Auf welchen psychotherapeutischen Theorien und Techniken die Introvision basiert
- Wie Sie die Introvision praxisorientiert in Einzeltherapie, Coaching, Beratung und in Gruppenkontexten anwenden können

Die Autorinnen

Priv.-Doz. Dr. rer. med. Melanie Neumann, Heilpraktikerin für Psychotherapie, arbeitet im Bereich der Stress- und Angstbewältigung sowohl mit der Introvision als auch mit ressourcen- und körperorientierten sowie kreativen Verfahren. Sie ist Angehörige der Fakultät für Gesundheit an der Universität Witten/Herdecke (UWH) und Mitglied des Instituts für Integrative Medizin (IfIM). Zudem arbeitet sie an der UWH als Lehrbeauftragte im Department Psychologie und Psychotherapie sowie im Department Humanmedizin.

Diplom-Pädagogin Kathrin Heck (geb. Freiwald) leitet den Sozialpädagogischen Dienst im Bereich der beruflichen Rehabilitation für psychisch erkrankte Menschen in Hamburg und arbeitet dort seit einigen Jahren in unterschiedlichen Kontexten mit der Introvision. Sie ist nebenberuflich als Coach und Trainerin tätig und hat nach der Ausbildung zum Introvisionscoach an der Universität Hamburg in der Forschungsgruppe Introvision an unterschiedlichen Studien mitgearbeitet.

Inhaltsverzeichnis

Was erwartet Sie in diesem Essential über die Introvision?

Wissenschaftliche Studien zeigen, dass immer mehr Menschen unter Stress, Burnout und psychischen Erkrankungen leiden (Lohmann-Haislah 2012). Vor allem sind viele Menschen von Ängsten betroffen, denn angstassoziierte Erkrankungen stehen an erster Stelle in der Prävalenz psychischer Erkrankungen in Deutschland (Jachertz 2013). Dies hat viele negative Folgen für die betroffenen Menschen selbst (seelisch, körperlich, geistig), für ihr soziales Umfeld (z. B. Familie, Freunde) und für ihre berufliche Leistungsfähigkeit. Eine sehr effektive Möglichkeit sowohl dieses individuelle Leid als auch die Lebensqualität und berufliche Leistungsfähigkeit zu verbessern, ist die Introvision. Introvision heißt wörtlich „Innenschau" und wurde von A.C. Wagner entwickelt (Wagner 2011). Die Introvision ist vor allem bei stress- und angstassoziierten Erkrankungen wirksam sowie bei vielen körperlichen Beschwerden, wie z. B. bei Erkrankungen des Muskel-Skelettsystems. Daher spielt die Introvision mittlerweile eine zunehmend bedeutsamere Rolle bei der Therapie dieser Erkrankungen und bei der Verringerung der Not vieler Klienten[1].

In diesem Kurz-Manual möchten wir Ihnen unsere eigenen Praxiserfahrungen (Heck 2009; Neumann 2013; Neumann 2016) zur Verfügung stellen, die die Anwendung der Introvision einfach machen. Dabei greifen wir lediglich auf den Kern der wagnerschen Methodik (Wagner 2011) zurück. Zudem werden wir die Introvision erstmals in die aktuelle psychotherapeutische Theorie einbetten, so dass eine adäquate theoretische Fundierung der Introvision zur Verfügung steht[2]. Denn die

---

[1] In diesem Essential verwenden wir immer die männliche Version, wobei das weibliche und männliche Geschlecht gleichermaßen gemeint sind.

[2] Die in diesem Buch beschriebenen theoretischen Ausführungen zur Introvision finden sich nicht im Ursprungswerk von Wagner (2011), sondern beruhen auf unseren theoretischen Überlegungen und eigenen Erfahrungen sowie der aktuellen psychotherapeutischen Forschung.

© Springer Fachmedien Wiesbaden 2016
M. Neumann, K. Heck, *Introvision bei Stress- und Angstbewältigung*, essentials,
DOI 10.1007/978-3-658-12035-1_1

Introvision ist eine psychotherapeutische Methode[3], die ihre theoretischen Wurzeln vor allem in der Verhaltenstherapie, aber auch in der Tiefenpsychologie hat, da sie sich ihrer Techniken, theoretischen Annahmen und wissenschaftlichen Erkenntnisse bedient.

Was erwartet Sie als Psychotherapeut, Coach, Berater oder auch als Laie auf den folgenden Seiten? Warum sollen Sie dieses „Essential" überhaupt lesen und nicht gleich wieder zurück in Ihr Bücherregal legen? Ganz einfach: Wenn Sie das Fallbeispiel 1 (vgl. Kap. 2.1) gelesen haben, werden Sie entdecken, dass die Introvision eine wirkungsvolle und vielseitige Methode ist. Sie werden quasi „Appetit bekommen" und wollen mehr, vor allem mehr zur Frage: „Wie geht das?" Und das „Wie" „servieren" wir Ihnen dann in unserem „Hauptgang" in Kap. 3. Bei Interesse an einer „Vorspeise" können Sie sich vorher noch über die Theorie der Introvision (vgl. Kap. 2.2) und ihre emotionale, körperliche, geistige und soziale Wirksamkeit (Kap. 2.3) informieren. In Kap. 4 bieten wir Ihnen noch eine Abrundung unseres „Menüs" in Form von Fallbeispielen für die Einzeltherapie (vgl. Kap. 4.1) sowie weitere Anwendungsmöglichkeiten der Introvision in Betrieben (vgl. Kap. 4.2) und in der beruflichen Rehabilitation für psychisch erkrankte Menschen (vgl. Kap. 4.3).

---

[3] Die Introvision erfüllt die Definition einer Psychotherapie*methode* nach § 6, Absatz 1 Psychotherapie-Richtlinie des Gemeinsamen Bundesausschusses (GMBA) (GMBA 2015, S. 6): *„ (1) Eine zur Behandlung einer oder mehrerer Störungen mit Krankheitswert geeignete Psychotherapiemethode ist gekennzeichnet durch 1. eine Theorie der Entstehung und der Aufrechterhaltung dieser Störung bzw. Störungen und eine Theorie ihrer Behandlung, 2. Indikationskriterien einschließlich deren diagnostischer Erfassung, 3. die Beschreibung der Vorgehensweise und 4. die Beschreibung der angestrebten Behandlungseffekte. "* Da die wissenschaftliche Anerkennung der Introvision bislang noch nicht beim GMBA beantragt ist, erfüllt sie nicht den zweiten Absatz des § 6 *„ (2) Eine Psychotherapiemethode im Sinne dieser Richtlinie muss die Voraussetzungen nach § 17 Absatz 2 erfüllen. "* (GMBA 2015, S. 6).

Vor dem Hintergrund des folgenden Fallbeispiels (vgl. Kap. 2.1) beschreiben wir in Kap. 2.2, wie psychische und somatische Erkrankungen gemäß unserer Theorie der Introvision entstehen und behandelt werden. Danach werden wir die Introvision kurz in die aktuelle psychotherapeutische Theorie einbetten, so dass eine angemessene theoretische Fundierung der Introvision zur Verfügung steht (vgl. Kap. 2.2). In Kap. 2.3 zeigen wir die Wirksamkeit der Introvision anhand von Studien und einem Selbsterfahrungsbericht eines Klienten auf.

2.1 Wie läuft eine Introvisionssitzung ab? – Fallbeispiel für den praxisorientierten Einstieg

Für ein schnelles Verstehen der Introvision ist das folgende Fallbeispiel 1 hilfreich, damit Sie als Leser eine konkrete Vorstellung von dieser Methode und einem leichten Einstieg bekommen. Dieses Fallbeispiel von Frau X., mit welchem wir in den nachfolgenden Kapiteln weiterarbeiten werden, ist ein realer und vollständig anonymisierter Fall aus unserer Introvisionspraxis. Allerdings stellt unsere Beschreibung lediglich ein stark verkürztes Therapiegespräch dar, das in Wirklichkeit über mehrere Therapiestunden verlief.

Fallbeispiel 1

Frau X., 38 Jahre alt, rezidivierende depressive Episoden, soziale Phobie, burnout-gefährdet, vielfältige körperliche Beschwerden des Muskel-Skelett-Systems

Frau X. – verheiratet, karriereorientierte, ehrgeizige Persönlichkeit – kommt zu ihrer Therapeutin und schildert, dass sie sich schon seit langem sehr ge-

© Springer Fachmedien Wiesbaden 2016
M. Neumann, K. Heck, *Introvision bei Stress- und Angstbewältigung,* essentials,
DOI 10.1007/978-3-658-12035-1_2

stresst und erschöpft fühlt, körperlich wie seelisch und das sie „einfach nicht mehr kann". Die Klientin arbeitet in einem Beruf, in dem ihrer Meinung nach viel erwartet wird und wo die Arbeit nie zu Ende geht, also „Stress ohne Ende". Frau X. ist derzeit alles zu viel, schon bei kleinsten Aufgaben im Haushalt fühlt sie sich total überfordert und bricht dann oft in Tränen aus. Außerdem ist sie häufig gereizt und auch durch längere Schlafeinheiten und Wochenenden mit Nichtstun wird es nicht besser. Die Klientin berichtet u. a. von ständiger Hektik, Anspannung, Schlafstörungen, Rückenschmerzen, Schulter- und Nackenschmerzen sowie Grübeln, Ängsten bis hin zu Gefühlen starker Verzweiflung und Resignation. Die Therapeutin informiert Frau X. ausführlich über die Methode der Introvision (vgl. Kap. 3.1) und führt expositionsvorbereitende und -unterstützende Übungen (vgl. Kap. 3.2) mit ihr durch – insbesondere mit der Technik des „inneren Films" (vgl. Kap. 3.2) – um sie gut auf die Exposition in sensu vorzubereiten.

Zu Beginn des Introvisionsgesprächs fragt die Therapeutin, was Frau X. aktuell am meisten belastet und was sie im ersten Schritt mit der Introvision bearbeiten möchte. Die Klientin antwortet, dass die „so unglaublich viele Arbeit" ihr im Moment am meisten zu schaffen macht. Die hohen Erwartungen, der Druck und Stress in diesem Berufsfeld und die vielen „Deadlines" belasten sie besonders. Die Therapeutin nimmt die Worte ihrer Klientin auf und fragt Frau X.: „Was sehen Sie vor Ihrem inneren Auge, wenn sie an den Druck und den Stress in Ihrem Beruf und an ihre viele Arbeit denken?" Frau X. berichtet, dass sie innerlich nur noch Berge von Arbeit sieht, sich überrollt davon fühlt und, dass sie vor allem Angst hat „das alles nicht mehr zu schaffen, was doch gemacht werden muss". Die Therapeutin bittet Frau X. – wie vorher im Rahmen der Psychoedukation vereinbart – sich innerlich vorzustellen, was bei ihr so hohen Stress auslöst: „Es kann sein, dass ich das alles nicht mehr schaffe, was gemacht werden muss" und dabei ihre Angst und ihre Gefühle vor dieser unangenehmen Vorstellung zuzulassen und zu spüren. Die Therapeutin bittet Frau X. dabei, auf ihren Körper zu achten, auf ihre typischen körperlichen Anspannungsbereiche, auf ihre Atmung und auf ihren „inneren Film", während sie sich selbst innerlich sagt: „Es kann sein, dass ich das alles nicht mehr schaffe, was gemacht werden muss."

Danach fragt die Therapeutin Frau X. weiter, was sie denn befürchtet, wenn sie das alles nicht mehr schafft: „Dann gelingt das nicht mehr, was ich mir beruflich vorgenommen habe. Ich möchte doch auf jeden Fall Karriere machen und ganz groß raus kommen." Die Therapeutin fragt nach, welche Befürchtung von beiden denn schlimmer ist und es wird klar, dass Frau X. vor allem Angst davor hat, dass sie an ihren eigenen Erwartungen scheitert und sich ihr lang gehegter beruflicher Plan „in Luft auflöst". Die Therapeutin bittet Frau X. mit der inneren Vorstellung „Es kann sein, dass ich scheitere" durch die damit verbundene Angst „hindurchzugehen", d. h. die Angst nicht abzuwehren, sondern sie zu spüren.

Als nächstes fragt die Therapeutin Frau X. „Was ist für Sie so schlimm daran, zu scheitern?" Frau X. berichtet von „einer Katastrophe", denn wenn sie scheitern würde, befürchtet sie „das Schlimmste" von ihren Kollegen, von ihrem Chef und auch von ihrer Familie. Auf die Frage, was denn „das Schlimmste" sei, antwortet Frau X. nach einem längeren Dialog mit ihrer Therapeutin, dass das Schlimmste für sie sei, abgelehnt zu werden, vor allem von ihrer Familie, insbesondere aber von ihren Eltern. Auch jetzt bittet die Therapeutin Frau X. wieder, dass sie gefühlsmäßig durch das Unangenehme „hindurchgeht" und den Satz „Es kann sein, dass ich von meinen Eltern abgelehnt werde." gefühlsmäßig nachzuempfinden und sich dabei ihre Eltern vor ihrem inneren Auge bildlich vorzustellen. Auf die Frage, was sie denn befürchte, wenn ihre Eltern sie ablehnen würden, antwortet Frau X. mit Tränen in den Augen: „Wenn ich keine besondere Leistung bringe und nicht mehr die Super-Tochter bin, dann werde ich nicht mehr von denen geliebt." Die Therapeutin fragt ihre Klientin, ob sie das von früher von ihren Eltern kennt bzw. schon mal ähnliche Situationen erlebt hat, in denen sie von ihren Eltern abgelehnt wurde, als sie keine besondere Leistung erbracht hatte. Es folgt eine längere Schilderung von Frau X. über solche Situationen aus ihrer Kindheit und wie sehr sie das belastet. Danach bittet die Therapeutin Frau X. sich wiederum den schmerzhaften Satz „Es kann sein, dass ich von meinen Eltern nicht geliebt werde, wenn ich keine besondere Leistung bringe." vorzustellen und durch diese Befürchtung „hindurchzugehen".

Die Therapeutin hat die Ängste und Befürchtungen von Frau X. parallel am Flipchart mitnotiert und bittet ihre Klientin nun, die zuvor erwähnten „Es-kann-sein"-Sätze mit dem dazugehörigen „inneren Filmen" auf Karteikarten zu schreiben, damit sie diese bis zum nächsten Termin weiter zuhause bearbeiten kann, indem sie wiederholt durch diese Ängste „hindurchgeht" und sich dadurch quasi an die unangenehmen Möglichkeiten gewöhnt.

Dieses Fallbeispiel 1 ist eine stark verkürzte „Skizze" einer Introvisionssitzung, die dazu dient, Ihnen zunächst einen Überblick zur Methode zu geben. In Kap. 3.3 finden Sie dann eine detaillierte „Schritt-für-Schritt"-Anleitung mit vielen therapeutischen Hinweisen.

2.2 Auf welche theoretischen Annahmen stützt sich die Introvision?

Vor dem Hintergrund des Fallbeispiels 1 möchten wir Ihnen nun einen tieferen Einblick in diese Therapiemethode anbieten, indem wir nachfolgend kurz beschreiben, wie aus Sicht der Introvision Erkrankungen entstehen und wie sie behandelt werden.

Theorie der Entstehung psychischer und somatischer Erkrankungen
Aus Sicht der Introvision entstehen psychische (insbesondere stress- und angstassoziierte Erkrankungen), aber auch einige somatische Erkrankungen (z. B. Erkrankungen des Muskel-Skelett-Systems und solche durch chronische Übererregung des Vegetativen Nervensystems) durch starre Soll-Vorstellungen, welche sich wiederum aus individuellen Ängsten heraus entwickeln. Diese Ängste entfalten sich durch negative Erfahrungen in der Vergangenheit, die zumeist in der Kindheit gemacht wurden.

Die starren Soll-Vorstellungen sind den meisten Menschen nicht bewusst bzw. manchmal nur vorbewusst zugänglich. Denn die Ängste, die die starren Soll-Vorstellungen „nähren" und „wachsen lassen", liegen im Unbewussten. Aus Sicht der Introvision entwickeln sich starre Soll-Vorstellungen als eine Art „Bewältigungsstrategie" zur Verdrängung der Ängste und der damit verbundenen negativen Erfahrungen. Abbildung 2.1 verdeutlicht grafisch die Theorie der psychischen und somatischen Krankheitsentstehung anhand des Eisbergmodells.

Abbildung 2.2 zeigt die „Kette" starrer Soll-Vorstellungen und der damit verbundenen Ängste aus dem Fallbeispiel 1, wobei die letzte Angst in dieser Kette die Ursprungsangst bzw. die schlimmste Angst ist, die auch mit einer biographischen Quelle aus der Kindheit von Frau X. verbunden ist.

Durch Abb. 2.2 wird deutlich, warum starre Soll-Vorstellungen sowohl psychische und somatische Erkrankungen als auch Beeinträchtigungen des emotionalen, gedanklichen, körperlichen und sozialen (Er)Lebens hervorrufen können. Denn das aus starren-Soll-Vorstellungen resultierende Verhaltensmuster – „Ich muss, ich soll, ich darf nicht, …" – schafft nicht nur eine emotionale und vegetative Dauererregung, sondern auch eine emotionale Enge, die charakteristisch ist für die Entstehung stress- und angstassoziierter Erkrankungen (Baer und Frick-Baer 2009). Auf diese emotionale Enge folgt zumeist eine Einengung des Erlebens, welche zu Einschränkungen des Lebens und daher zu „ungelebtem Leben" (von Weizäcker 1997) führt und ein durch Angst genährtes „falsche Selbst"[1] entstehen lassen kann.

---

[1] Die eigenen Bedürfnisse und das „wahre Selbst" können nicht gelebt werden, da sie überlagert sind durch Ängste.

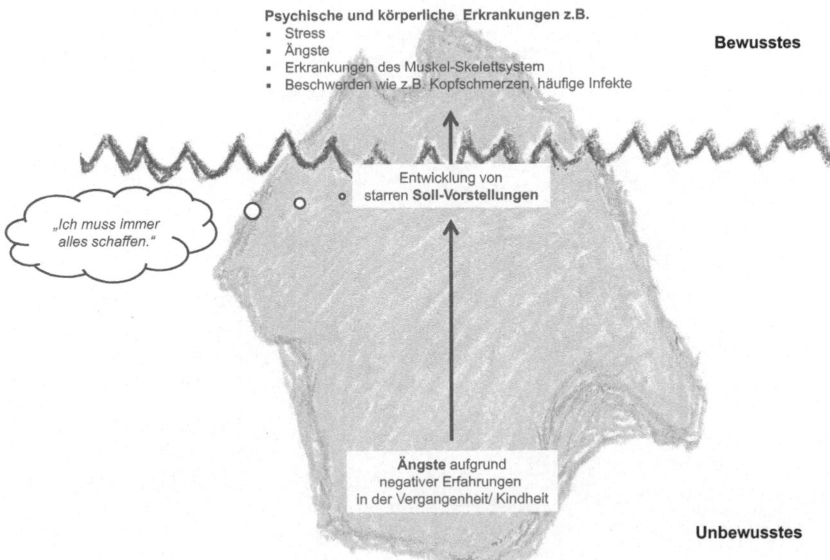

Abb. 2.1 Das Eisbergmodell – Entstehung von psychischen und somatischen Störungen aus Sicht der Introvision (eigene Abbildung der Autorinnen)

Darüber hinaus benötigen die starren Soll-Vorstellungen viel emotionale und gedankliche Energie, da sehr viel Aufmerksamkeit und Kontrolle auf die unbedingte Erfüllung dieser gelegt wird: Psychische und/oder körperliche Erschöpfungserkrankungen wie z. B. Depression, Burnout, psychosomatische Erkrankungen sind zumeist die Folge. Darüber hinaus geht sehr viel gedankliche Kraft und Zeit verloren durch ein andauerndes Grübeln darüber, wie es geschafft werden kann, die starren Soll-Vorstellungen einzuhalten.

Das unbedingte „Einhalten müssen" von starren Soll-Vorstellungen hat auch Auswirkungen auf zwischenmenschliche Beziehungen: Konflikte sind vorprogrammiert, weil Soll-Vorstellungen starr und nicht flexibel sind, d. h. der Mensch ist im sozialen Kontakt oft nicht schwingungsfähig. Diese eingeschränkte Resonanzfähigkeit erschwert ein empathisches Verstehen des Anderen und auch die verbale und nonverbale Kommunikation. Bei Menschen mit starren Soll-Vorstellungen kann es passieren, dass sie von anderen Menschen keine Ideen, Vorschläge etc. annehmen können und sie gleichzeitig die Erwartung haben, dass jeder Andere die eigenen starren Soll-Vorstellung erfüllen muss bzw. diese auch als Soll-Vorstellung für sich selbst definiert hat.

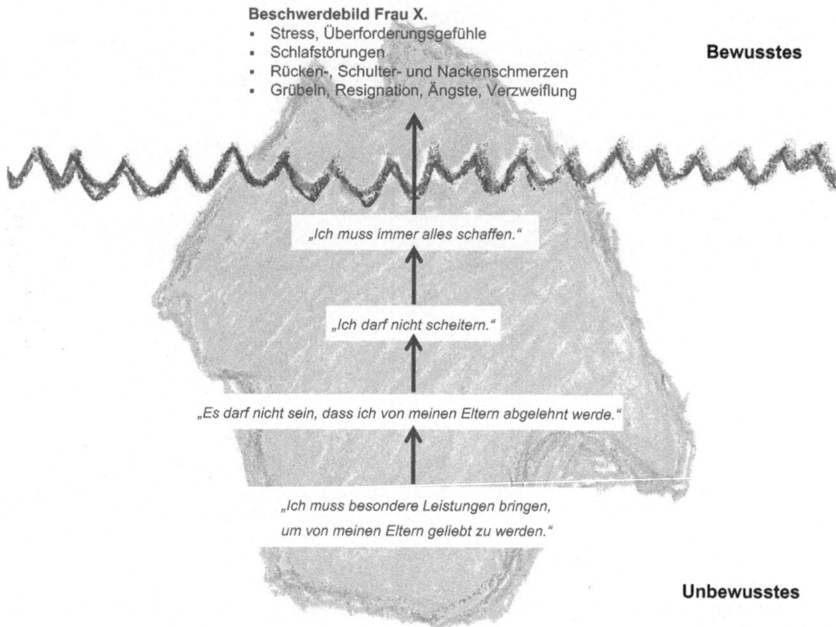

Abb. 2.2 Kette starrer Soll-Vorstellungen und damit verbundene Ängste als Entstehungs-ursache psychischer und somatischer Erkrankungen (eigene Abbildung der Autorinnen)

Diese emotionalen, geistigen und sozialen Beeinträchtigungen manifestieren sich i. S. eines psychosomatischen Krankheitsverständnisses (von Uexküll 2003) auch im Körper: Z. B. in Form von chronifizierten muskulären Anspannungen, die zu Erkrankungen des Muskel-Skelettsystems führen können oder in Form einer Dauererregung des Vegetativen Nervensystems (VNS), welche zu Erkrankungen verschiedenster Organe (z. B. Atmung, Herz, Verdauungsorgane), je nach individueller Vulnerabilität, führen kann.

Theorie der Behandlung psychischer und somatischer Erkrankungen
Um nun die psychischen und somatischen Beschwerden von Frau X. zu therapieren, ist es nach unseren Erfahrungen mit der Introvision notwendig

1. die individuellen starren Soll-Vorstellungen zu erkennen (vgl. Abb. 2.2),
2. die dahinterstehenden Ängste und ihre biographischen Quellen aufzudecken sowie

3. mit der Technik des „inneren Films" und anderen expositionsunterstützenden
   Techniken, sich diesen Ängsten zu stellen bzw. diese emotional zu spüren im
   Sinne einer Exposition in sensu sowohl durch Implosion (graduierte Reizkon-
   frontation) als auch durch Flooding (Reizüberflutung).

Die Lerntheorie und zahlreiche Studien aus der Verhaltenstherapie (Koeslin 2011;
Wittchen und Hoyer 2011) zeigen, dass Angst schlimmer wird, wenn sie vermieden wird und dass Ängste gelöst bzw. gelindert werden können, wenn Klienten es
schaffen, ihnen „ins Auge zu sehen" und die schmerzhaften Gefühle wirklich zuzulassen. Durch Habituation, d. h. durch wiederholtes Konfrontieren, gewöhnen sich
die Klienten an die Angst und sie verliert dadurch ihren Schrecken (vgl. Abb. 2.3).
Die Technik des „inneren Films" sowie weitere expositionsunterstützende bzw.
–vorbereitende Übungen werden in Kap. 3.2 beschrieben. In Kap. 3.3 erfolgt eine
detaillierte Falldarstellung einer Introvisionssitzung mit ausführlichen praktischen
Hinweisen für den Therapeuten.

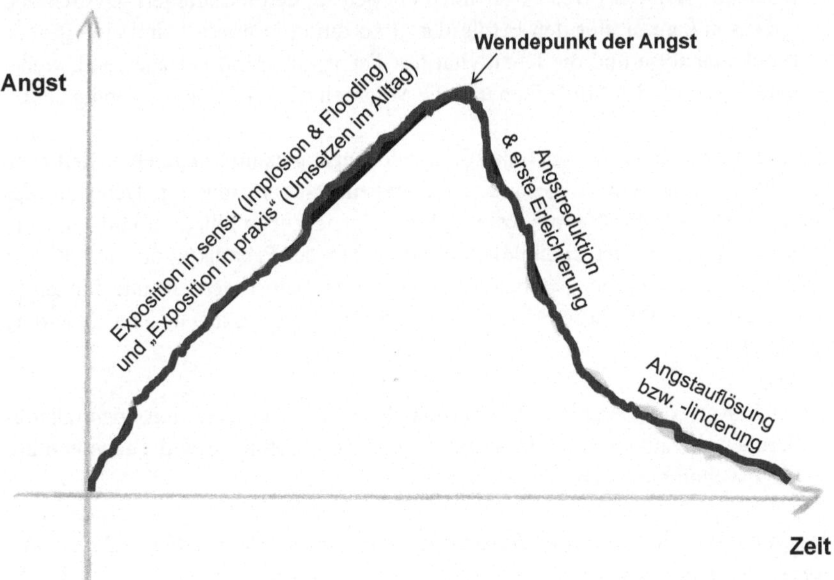

Abb. 2.3 Abnahme der Angst durch Exposition im Rahmen der Introvision (eigene Abbildung der Autorinnen in Anlehnung an Koeslin 2011, S. 113)

Ein weiteres wichtiges Element der Introvisionstherapie ist, die Klienten zu befähigen, die Erkenntnisse aus der Introvision in den Alltag umzusetzen, d. h. aus der unangenehmen „Es-kann-sein"-Vorstellung (Exposition in sensu) in die – teilweise auch unangenehme – praktische Erfahrung im Sinne einer „Exposition in praxis" zu kommen. Diesen bewusst gewählten Begriff „Exposition in praxis" haben wir als Abgrenzung zur „Exposition in vivo" entwickelt, um bildlich zu verdeutlichen, wie entscheidend es für die Wirksamkeit der Introvision ist, dass die Erkenntnisse aus der „Es-kann-sein"-Vorstellung auch in die konkrete praktische Handlung transformiert werden. In unserem Beispiel von Frau X. stellt sich ihr also nach der Therapiesitzung die praktische und gleichzeitig beängstigende Frage: „Wie schaffe ich es im Alltag, keine besondere Leistung mehr zu erbringen?" Im Sinne der „Exposition in praxis" ist es aus unserer Sicht notwendig,

4. dass der Introvisionstherapeut seinen Klient bei der Umsetzung in den Alltag unterstützt und zwar anwendungs- und situationsbezogen (Wie und wann setzte ich es um?) sowie individuell an den Fähigkeiten und Bedürfnissen des Klienten orientiert (Was ist für mich ein Schritt, den ich morgen schaffen und umsetzen kann?). Für den Erfolg der „Exposition in praxis" sind eine genaue Problemanalyse und die Kreativität des Therapeuten mit entscheidend, wobei natürlich auch das Mitdenken und die Mitarbeit des Klienten notwendig sind.

Darüber hinaus bedürfen auch das durch die Angst genährte ungelebte (Er)Leben und das „falsche Selbst" gesonderter therapeutischer Beachtung: Denn um das „eigene, wahre Selbst" entwickeln und das eigene Leben leben zu können, stellt sich die Frage, wie sich sinnbildlich die Raupe (= der Erkrankte) aus dem Kokon der Angst befreien, zum Schmetterling werden (= Selbst werden) und fliegen (= gesunden) lernt? Für diese beiden Umsetzungsfragen ist es aus unserer Erfahrung unerlässlich

5. die Introvisionstherapie mit ergänzenden ressourcenorientierten, identitätsfördernden, kreativen und/oder körperorientierten Methoden und Techniken aus der Psychotherapie zu vervollständigen.

Theoretische Einbettung der Introvision in den aktuellen Stand der Psychotherapieforschung
Als psychotherapeutische Methode bedient sich die Introvision unterschiedlicher Techniken, theoretischer Annahmen und wissenschaftlicher Erkenntnisse aus verschiedenen therapeutischen Schulen. Ihre zentralen theoretischen Wur-

zeln[2] hat die Introvision vor allem in der Verhaltenstherapie, aber auch in der Tiefenpsychologie.

Der verhaltenstherapeutisch geschulte Blick wird am o.g. Fallbeispiel 1 als auch an den o.g. theoretischen Ausführungen zur Krankheitsentstehung und Behandlung sofort erkennen, dass die Introvision „alter Wein in neuen Schläuchen" ist. Genau wie die Kognitive Verhaltenstherapie (KVT) (Linden und Hautzinger 2011) und die Akzeptanz- und Commitment-Therapie (ACT) (Harris 2013) behandelt auch die Introvision angstassoziierte Erkrankungen mit der Technik der Exposition (Wittchen und Hoyer 2011). Der Unterschied liegt jedoch

- in der Theorie zur Krankheitsentstehung und Behandlung (s.o.),
- in der Fragetechnik (vgl. Kap. 2.1, insbes. Kap. 3.3),
- in der Ursachenfindung für die Ängste und der Auffindung einer biographischen (tiefenpsychologischen) Quelle (s.o.),
- in der Behandlung vor allem mit der Exposition in sensu bei allen stress- und angstassoziierten Erkrankungen und bei vielen körperlichen Beschwerden)[3],
- in der „Exposition in praxis", d. h. in der konkreten Umsetzung im Alltag (s.o.),
- in der notwendigen Ergänzungen weiterer psychotherapeutischer Methoden (s.o.)
- und in den expositionsvorbereitenden und –unterstützenden Techniken (vgl. Kap. 3.2).

Wie in der Introvision steht die Emotionsexposition auch in der „Emotionsbezogenen Psychotherapie" im Fokus der Behandlung:

> Patienten lernen hierdurch, unangenehme und problematische Emotionen auszuhalten (Emotionstoleranz), um ihre bisherigen dysfunktionalen Bewältigungsstrategien außer Kraft zu setzen. Diese Technik wird in der Verhaltenstherapie routinemäßig bei Ängsten eingesetzt (z. B. bei Zwangserkrankungen und Phobien) und lässt sich auch bei anderen Emotionen wie z. B. Minderwertigkeit, Traurigkeit oder Ärger anwenden. (Lammers und Berking 2008, S. 38)

---

[2] Eine Möglichkeit, die Introvision theoretisch zu erfassen, ist jene, die sich im Ursprungswerk von Wagner (Wagner 2011) findet, wie z. B. die „Theorie subjektiver Imperativer" oder die „Theorie mentaler Introferenz". In diesem Buch erfolgt die theoretische Fundierung anhand einer Einordnung der Introvision in den aktuellen Stand der psychologischen und psychotherapeutischen Forschung.

[3] Die KVT behandelt nur Generalisierte Angststörungen mit der Exposition in sensu.

Im Gleichklang mit unseren Erfahrungen mit der Introvision sehen Sulz et al. (2011), aber auch Riemann (2011), die Ursache für Depressionen in der Vermeidung vielfältiger Ängste:

> Depression ist ein Vermeidungsverhalten. Sie dient der Vermeidung von intensiven Affekten (Schmerz, Wut, Trauer) und von affektiven Handlungen. (Sulz et al. 2011, S. 326)

In Fallbeispiel 1 und besonders in Kap. 3.3 werden das depressive Muster in Form ihres Vermeidungsverhaltens von Frau X. deutlich.

Aufgrund der gezielten Suche nach biographischen Quellen für die Ängste während der Introvisionstherapie kommen immer wieder Bilder und Erinnerungen aus Kindheit/Jugend in das Bewusstsein der Klienten, wobei diese automatisch auch ohne gezieltes Fragen zu Tage kommen. In den meisten Fällen liegt die Ursache für die aufgedeckten Ängste in der Kindheit und in der Beziehung zu den Eltern. Daher bedient sich die Introvision auch des tiefenpsychologischen Ansatzes, welcher den Einfluss von Kindheit und Jugend als eine zentrale Ursache für psychische Erkrankungen annimmt (Wöller und Kruse 2014).

Ebenso greift die Introvision auf die Theorie von Viktor von Weizäcker zum „Ungelebten Leben" zurück (von Weizäcker 1997; Baer 2005): Die Introvision zeigt bzgl. der Krankheitsentstehung (s.o.) sehr deutlich, dass die Klienten vor allem ihre Ängste leben, aber dadurch ihre tatsächlichen Bedürfnisse bzw. ihr wahres Selbst nicht (er-)leben können. Darüber hinaus verursacht Angst immer auch eine Einengung des (Er)Lebens (Baer und Frick-Baer 2009), da vieles, was das Leben zu bieten hat, eben aus Angst vermieden wird. Ein solches „ungelebtes Leben", so die Sichtweise von Viktor von Weizäcker, ist die Ursache für psychische und somatische Erkrankungen. Ungelebtes Leben entsteht für ihn 1) durch die (unbewusste) Unterdrückung lebendiger Impulse, aber auch 2) durch das Nicht-Wahrnehmen von Möglichkeiten und 3) durch die Nicht-Gestaltung eigener Lebensgeschichte. Jede Form von Angst begünstigt alle drei genannten Entstehungsbedingungen ungelebten Lebens und somit auch Krankheit.

Da die Introvision einigen Verfahren, Methoden und Techniken ähnelt, aber in vielen Bereichen nicht mit ihnen identisch ist, ist es wichtig, die Introvision von ihnen abzugrenzen. Auf den ersten Blick scheint die Introvision der Rational Emotive Therapy (RET) (Ellis 1993) und dem Sokratischen Dialog (SD) (Stavemann 2007) nahezu gleich zu kommen. Annahme der RET ist es, ähnlich wie beim SD, dass irrationale (Muss-)Vorstellungen bzw. unlogische Denkmuster die Ursache psychischer Erkrankungen sind. Daher werden in der RET und auch im SD irrationale Denkmuster aufgedeckt und im Rahmen einer kognitiven Umstrukturierung werden wiederum rationale, logische Denkmuster erarbeitet, die dann im Alltag problemlösend wirken sollen. Im Unterschied zur RET und zum SD bewertet die Introvision keine Denkmuster als irrational oder unlogisch. Die Introvision arbeitet dagegen ganz gezielt mit dem Durchleben von unangenehmen Gefühlen und vor allem mit den Ängsten, die hinter den starren Soll-Vorstellungen stehen.

Auf den ersten Blick ähnelt auch das transkriptionsanalytische Modell der „5 inneren Antreiber" (McClure Goulding und Goulding 1999) –„sei perfekt", „sei stark", „mach schnell", „streng dich an", „mach es allen recht"– der Introvision. Zu diesen inneren Antreibern werden individuelle „Erlauber" (z. B. „Ich darf Fehler machen.") herausgearbeitet, die in den Alltag integriert werden sollen. Viele Klienten können ihre eigenen Erlauber häufig nur schwer langfristig verinnerlichen, wie es auch nicht selten bei den rationalen Gedanken in der RET und im SD der Fall ist. Den Effekt kann man vergleichen als wenn man mit einer Freundin telefoniert, die einem gut zuredet, was zwar zuerst erleichternd ist, aber hinterher nimmt man – salopp gesagt – dann doch wieder den gewohnten „Trampelpfad".

Um die theoretische Einbettung der Introvision abzuschließen, möchten wir noch etwas zur professionellen Haltung der Introvisionstherapeuten sagen: Diese ist einerseits offen und getragen von der Annahme, dass die Klienten alles zu ihrer Heilung Notwendige in sich selbst finden, wie in der klientenzentrierten Gesprächspsychotherapie nach Rogers (2012). Andererseits ist die Introvision im Frageprozess, in den expositionsvorbereitenden Übungen und in den Hausaufgaben auch direktiv, ähnlich der KVT. Gleichwohl sollte jeder Introvisionstherapeut die drei von Rogers herausgearbeiteten Haltungselemente einer positiven Wertschätzung, Empathie und Kongruenz seinen Klienten entgegenbringen können und ihre Selbstentwicklung, Selbstreflexion und Selbsthilfefähigkeiten fördern.

Schlussendlich ist die Introvision eine integrative Methode, die andere psychotherapeutische Verfahren, Methoden und Techniken sowohl einbetten kann, als auch notwendig macht, vor allem wenn es um die praktische Umsetzung der Erkenntnisse aus der Introvision in den Alltag geht (vgl. dazu Kap. 3.3).

2.3 Wie wirkt die Introvision?

Die zentralen Indikationen[4] der Introvision liegen im Bereich der stress- und angstassoziierten Erkrankungen: Burnout, Angststörungen, Zwangsstörungen, Depression, Dysthymia und somatoformen Störungen. Auch bei vielen körperlichen

---

[4] Die Kontraindikationen der Introvision seien der Vollständigkeit halber hier nur am Rande erwähnt, weil sie denen vieler anderer psychotherapeutischer Verfahren, Methoden und Techniken gleichen: ICD10 F00 bis F31, F43, F44.0–44.3 sowie F44.8 und F44.9, F50, F52, F53, F60–99.

Beschwerden, insbesondere bei Erkrankungen des Muskel-Skelettsystems (z. B. Rücken-, Nacken-, Schulterschmerzen, Sehnenscheidenentzündungen) und bei Erkrankungen die durch eine chronische Über- bzw. Dauererregung des VNS hervorgerufen bzw. begünstigt werden (z. B. Herzrasen, Infektionsanfälligkeit, Magenschleimhautentzündung, Obstipation), ist die Introvision indiziert. Mittlerweile zeigen eine Reihe von Studien viele positive Auswirkungen der Introvisionstherapie in unterschiedlichen Bereichen, wie z. B. bei

- der dauerhaften Auflösung von chronischen Nackenverspannungen (Peirera-Guedes 2011; Pape 2008)
- der Reduktion von Stress im Leistungssport (Benthien 2010)
- der Reduktion von Perfektionismus und Zwangshandlungen (Heck, geb. Freiwald 2009)
- der Reduktion von Belastung und Stress bei Tinnitus (Buth 2012)
- dem Abbau von Schreibblockaden (Möller 2008)
- der Förderung von Aufmerksamkeit in der Schule (Alam 2009)
- der Förderung von Aufstiegskompetenzen weiblicher Führungsnachwuchskräfte (Oerding 2014).

Studien bei Depression und Zwangsstörungen liegen noch nicht vor, aber erfolgsversprechende Fallbeispiele und Erfahrungsberichte sind dazu in diesem Manual zu finden (siehe Kap. 3.3 zu Depressionen und Fallbeispiel in Kap. 4.1 zu Zwangsstörungen). Somatoforme Störungen (Krankheitsängste) als angstassoziierte Erkrankungen stellen ein weiteres mögliches Tätigkeitsfeld der Introvisionstherapie dar, allerdings liegen hier weder Studien noch Erfahrungsberichte vor, was u. a. an der Schwierigkeit liegt, dass die Betroffenen aufgrund der fehlenden Krankheitseinsicht kaum Psychotherapeuten aufsuchen.

Darüber hinaus zeigen unsere Erfahrungen und Fallbeispiele, dass die Introvision u. a. eine nachhaltige Hilfe für Burnout-Patienten sein kann, Generalisierte Angststörungen (GAS) reduzieren sowie soziale und spezifische Phobien (z. B. Flugangst, Spinnenangst) überwinden helfen kann. Viele Introvisions-Klienten berichten auch darüber, dass die Infektanfälligkeit verschwindet und die Lust, sich sportlich zu betätigen, steigt. Daneben reduziert sich das Grübeln und Gedankenkreisen. Auch der Umgang mit zwischenmenschlichen Konflikten kann sich verändern: Klienten verstehen besser, warum es zu Konflikten kommt und sie handeln konstruktiver in solchen Situationen. Auch die Fähigkeit, die eigenen Grenzen wahrzunehmen und anderen Menschen Grenzen zu setzen und Nein zu sagen, ist eine weitere positive Folge der Introvisionstherapie. Schließlich lernen die Klienten wieder in kleinen Schritten ihr Leben zu (er)leben und können immer mehr ihr „wahres Selbst" entwickeln, da sie bewusster entscheiden können und sich immer weniger durch ihre Angst steuern lassen: „Ich entscheide über mein Leben und nicht meine Ängste."

Allgemeine Wirkungen, die die meisten Klienten als positiv im therapeutischen Prozess erleben, sind die folgenden:

- Entlastung und Erleichterung, weil die Klienten die Ursachen für das eigene Leid endlich kennen und benennen können. Diese Erkenntnis und auch die Möglichkeit nun selbst etwas gegen das eigene Leiden tun zu können, führt häufig zu positiven Gefühlen von mehr Kontrolle, Halt und Sicherheit.
- Durch das Umsetzen des Unangenehmen im Alltag (Exposition in praxis z. B. in Form Nein-Sagen können) haben die Klienten die Möglichkeit, neue und positive Erfahrungen zu machen (z. B. es folgt in den meisten Fällen keine „Bestrafung" auf das Nein-Sagen, wie z. B. in ihrer Kindheit). Solche sich wiederholenden, korrigierenden Erfahrungen, die das Kernziel jeder Psychotherapie sind, ermöglichen die angestrebten Veränderungen, die letztendlich den Klienten psychisch und körperlich gesunden lassen.

Für Coaches und Berater ergeben sich noch weitere, vielfältige Anwendungsmöglichkeiten für die Introvision. Dazu zählen z. B. Themen wie Entscheidungen, Konflikte und Mobbingprävention, aber vor allem die vielen Ängste im Berufsleben, unter denen Mitarbeiter, aber auch Führungskräfte gleichermaßen leiden können, wie z. B. die Angst

- vor neuen Aufgaben
- zu versagen
- vor Fehlern
- vor Ablehnung und Kritik durch Kollegen und Vorgesetzte
- davor, nicht gut genug und schnell genug zu sein
- vor Präsentationen vor Gruppen
- vor Verantwortung bzw. dieser nicht gerecht zu werden
- vor Entscheidungen
- vor Akquisition (Verkauf und Vertrieb).

Damit Sie sich als Leser die subjektive Wirkung der Introvision noch einmal plastischer vorstellen können, finden Sie nun einen ungekürzten, aber vollständig anonymisierten Selbsterfahrungsbericht eines Klienten aus unserer aktuellen Praxis.

Fallbeispiel 2

Selbsterfahrungsbericht eines Klienten, der an Agoraphobie mit Panikstörung und Generalisierter Angststörung leidet (seit ca. 20 h in Introvisionstherapie)

Nachdem bei mir sehr viele private Veränderungen anstanden, entwickelten sich für mich wie aus heiterem Himmel starke Ängste, Nervosität und durchgängiges Unwohlsein. Negative Gedanken und übermächtige Sorgen beherrschten meinen Alltag. Ich hatte die ersten Panikattacken in einem Konzert und bei Autofahrten mit Freunden. Starke Übelkeit, weiche Beine, Herzrasen und Enge-Gefühle plagten mich und ich wusste mir nicht mehr zu helfen. Erst als diese Attacken sich verstärkten und häufiger auftraten, wusste ich, dass auch ich von einer Angststörung betroffen bin, wie auch meine Mutter und mein Bruder. Es ging so weit, dass ich keine Freude mehr empfand und in mir gefangen war. Alltägliche Dinge bereiteten mir große Probleme und konnten immer wieder zu Panikattacken sogar mit Zittern und Erbrechen führen. Da eine berufliche Veränderung anstand und ich eine neue (von meiner Familie nicht akzeptierte) Beziehung lebte, kam die Angststörung zum „Ausbruch". Ich merkte nach circa 2–3 Monaten, dass ich Hilfe und Unterstützung benötigte. Eine medikamentöse Behandlung kam nicht in Frage. Ich wusste, dass ich einen anderen Weg brauchte. Ich kannte die IntrovisionstherapeutIn und erkundigte mich über die Methode. Gleich fühlte ich mich sehr wohl damit und wusste, dass die Introvision in Kombination mit anderen Methoden (kreativ/ bewegungstherapeutisch) das Richtige für mich sind.

Zuvor hatte ich noch keine anderen Methoden angewandt. Ich hätte auch nie gedacht, dass ich eine Angststörung entwickeln könnte.

Mein Ziel ist es nach der Introvision angstfrei zu leben, gestärkt zu sein und mehr Halt im Leben zu finden. Außerdem ist es mir wichtig, selbstbewusster zu sein und zu meinen Entscheidungen zu stehen. Ich will selbst entscheiden, was gut für mich ist und was nicht. Es wäre schön, wenn ich es schaffe, diese Methode auf Dauer selbstständig anzuwenden, um mich aus kreisenden Gedanken und von Ängsten zu befreien.

Gleich zu Beginn der Therapie las ich einen Aufsatz über die Introvision. Dieser und genaue Erläuterungen der Therapeutin verhalfen mir zu einem raschen Verständnis der Methode. Es leuchtet ein, dass man sich den Ängsten stellen muss, um sie zu überwinden. Eine Vermeidung verschlimmert die Angst vor einer folgenden ähnlichen Situation. Aus diesem Grund ging ich von Anfang an durch alle herausfordernden Situationen hindurch, wenn es auch manches Mal kaum auszuhalten war. Es war für mich nicht immer leicht zu entscheiden, durch welche Situationen ich durchgehen muss und welche ich mir selbst auferlege, obwohl man einiges auch mal absagen kann und darf! Jedes Mal, wenn ich mich der Angst stellte, fühlte ich mich danach gestärkt. Es ist wirklich der einzige Weg, angstfreier zu leben. Die Introvision half mir, mich auf bestimmte Situationen (Ausflug/Beifahrer im Auto) vorzubereiten. Indem ich mir, mithilfe aufgeschriebener Karten, den „schlimmsten Fall" dessen, was passieren könnte, vorzustellen, nahm ich der Angst den Schrecken. Ich stellte mich z. B. darauf ein, dass ich als Beifahrer im Auto brechen muss und Schwäche zeige und daraufhin anders gesehen werde (nicht mehr der Tolle [NAME des Klienten] bin), stellte ich mich darauf ein und empfand es als weniger schlimm. Ich ließ es zu, dass ich diese Situation einfach zum Kotzen fand und mir aufgrund der Enge übel sein darf. Mithilfe der Introvision und der Therapie lernte ich meine Ängste zuzuordnen. Ich verstand immer mehr, dass es Auslöser und Ursachen gibt und dass die Angst mich nicht weiter beherrschen muss. Weitere Methoden trugen zum Erfolg bei. Hierzu gehören die bewusste Atemtechnik, Methoden zur Körperwahrnehmung, die Aufnahme des Bodenkontakts, kreative, gestalterische Methoden, das Aufschreiben von Ängsten ... Seit kurzem habe ich auch das medizinische Qi Gong als vitalisierendes und haltgebendes Element erfahren. Vor herausfordernden Situationen schreibe ich stets meine Ängste auf ein großes Blatt Papier, ich lasse sie zu. Alles in allem fühle ich mich schon viel stabiler. Ich bin seit Wochen angstfrei. Ich weiß mir zu helfen, wenn ich Enge verspüre und kann herleiten, warum es mir mal nicht gut geht. Insgesamt gehe ich anders auf Menschen zu. Ich bestimme schon viel mehr, was ich möchte und was nicht. Ich sortiere, mit wem ich mich treffen möchte und mit wem nicht. Dadurch erhalte ich mehr Liebe und erlebe positive Begegnungen. Es gibt Tage, an denen ich mich völlig angstfrei und leicht fühle. Die Gedanken kreisen nicht mehr so häufig. Ich nehme meinen Körper bewusster wahr und höre meine Bedürfnisse. Die Therapeutin war eine große Stütze, ich kann mir nicht vorstellen, dass Introvision ohne psychotherapeutische Begleitung „Früchte trägt".

Aus der Introvision habe ich mitgenommen, dass ich mich meinen Ängsten stellen sollte, um ihnen den Schrecken zu nehmen.

Wie können Sie die Introvision praktisch umsetzen?

3

Zunächst ein paar einleitende Worte zu den allgemeinen Voraussetzungen, die Introvisionsklienten mitbringen sollten, damit die Therapie Aussicht auf ein Gelingen hat:

- Leidensdruck (z. B. durch starke Einschränkungen des sozialen, beruflichen und/oder emotionalen Lebens),
- Krankheitseinsicht (d. h. die Einsicht, dass die Erkrankung oder das Problem psychisch (mit-)verursacht ist),
- Freiwilligkeit (z. B. nicht durch Ehefrau zur Therapie gedrängt),
- Bereitschaft zur Selbstreflexion und zur Veränderung sowie
- Einüben und Anwendung der expositionsvorbereitenden und –unterstützenden Übungen und Bereitschaft zur Umsetzung weiterer therapieunterstützender Hausaufgaben.

Zu erwähnen ist des Weiteren, dass junge Erwachsene (ca. 18–25 Jahre) seltener als Klienten zur Introvisionstherapie geeignet sind, da der tiefenpsychologische Anteil der Introvision noch zu erschütternd ist und ihnen häufig das Spüren des Unangenehmen schwerfällt.

Aufgrund unserer Erfahrungen empfehlen wir, dass für eine Introvisionssitzung ca. 1,5–2 h eingeplant werden.

3.1 Was müssen Ihre Klienten über die Introvision wissen?

Da das Kernelement der Introvision, nämlich das Spüren und Zulassen schmerzhafter Gefühle, etwas sehr Unangenehmes ist, das die meisten Menschen verständlicherweise erst einmal vermeiden möchten, ist es umso wichtiger, die Klienten

© Springer Fachmedien Wiesbaden 2016
M. Neumann, K. Heck, *Introvision bei Stress- und Angstbewältigung*, essentials,
DOI 10.1007/978-3-658-12035-1_3

ausreichend zu informieren. Inhaltlich sollte der Teil der Psychoedukation so einfach wie möglich zu verstehen sein und auf das Notwendigste reduziert werden. In der klientenzentrierten Haltung der Introvision sind Rück- und Nachfragen der Klienten ausdrücklich erwünscht.

Auf unseren Webseiten www.kathrin-heck.de und www.melanie-neumann.de können Sie ein Dokument herunterladen, das Sie Ihren Klienten als einfache, vorbereitende Basisinformation über die Introvision mitgeben können. In der folgenden Therapieeinheit sollten Sie dann die offenen Fragen Ihres Klienten dazu beantworten.

Neben diesen Basisinformationen ist es sinnvoll, dass Sie Ihre Klienten auch die in diesem Essential aufgeführten Abb. 2.1, 2.2 und 2.3 erklären, die ein Grundverständnis für die Methode vermitteln. Darüber hinaus ist es wichtig die Klienten über folgende wissenschaftlichen Fakten und Erfahrungswerte in Kenntnis zu setzen:

- Den Klienten die Introvisions-Fragetechnik und das Vorgehen erläutern.
- Vermeiden macht die Angst schlimmer: Die meisten Klienten haben bereits diese Erfahrung gemacht, wenn man sie darauf anspricht. Aber es ist dennoch wichtig dies ggf. an einem Beispiel nochmals zu erläutern.
- Den Klienten sagen, dass Vermeiden während der Introvision meistens im Kopf stattfindet z. B. in Form von „Lösungen", Erklärungen, Ausreden und/oder Beruhigungssätzen. Daher sollte Ihr Klient folgende Regel verinnerlichen (gelingt auch gut mit den Übungen aus Kap. 3.2): „Vergiss deinen Kopf!! Nur dein Körper ist jetzt wichtig!"
- Es kann hilfreich sein, mit dem Klient darüber zu sprechen, dass starke und tiefsitzende Ängste entsprechend langsam abnehmen und manche sogar ein Leben lang präsent bleiben und es entsprechend sinnvoll ist, wenn die Klienten weiter an ihnen arbeiten. Tiefenpsychologisch gesprochen, lässt sich ein Grundkonflikt nicht „löschen", sondern nur lindern.
- Den Unterschied von Implosion und flooding erklären: Die Klienten sollten informiert werden, dass es individuell ganz unterschiedlich ist, ob Implosion oder flooding möglich ist. Gleichwohl können Sie Ihren Klienten auch sagen, dass sich flooding als wirksamer in Studien herausgestellt hat (Linden und Hautzinger 2011).

Insgesamt sollten Sie nicht an der Psychoedukation sparen, denn: Verstehen und Transparenz fördern Verständnis, Akzeptanz und die Bereitschaft zum Mitmachen.

3.2 Wie können Sie Ihre Klienten auf die Exposition vorbereiten und sie zusätzlich unterstützen?

Die Auflösung bzw. Linderung von Ängsten und damit auch die Wirksamkeit der Introvision beruht auf der Fähigkeit Ihres Klienten

- ein schmerzhaftes Gefühl,
- einen angstmachenden Satz,
- ein unangenehmes inneres Bild oder
- eine schmerzhafte Erinnerung

emotional zu spüren, zulassen zu können und dieses Unangenehme eine Weile lang aushalten zu können. Die Technik, wie Klienten das Unangenehme zulassen können, beschreiben wir im nachfolgenden Abschnitt unter „Kerntechnik der Introvision". Da dies aber ein schmerzhafter und unangenehmer Weg ist, ist nicht selten zunächst eine Stabilisierung der Klienten nötig. Häufig hat es sich auch als sinnvoll erwiesen, wenn man die Klienten ganz langsam an das Unangenehme gewöhnt. Für diesen Fall finden Sie eine Auswahl der wichtigsten unterstützenden Übungen im übernächsten Abschnitt „Techniken, die schonend auf die Introvision vorbereiten und stabilisieren".

Kerntechnik der Introvision[1]
Die Ausformulierung der Angst ist die verbale Konfrontation mit dem Unangenehmen und eine elementare Vorgehensweise in der Introvisionstherapie. Der Introvisionstherapeut spiegelt dem Klienten durch Formulierungen wie „Es kann sein, dass …" oder „Es besteht die Möglichkeit, dass …" in verbaler Form das Unangenehme, und unterbreitet damit dem Klienten das Angebot, sich dem Unangenehmen und der Angst zu stellen.

Daneben hat sich aus unserer Erfahrung auch der „innere Film" bewährt, d. h. das innerliche Sehen des Unangenehmen in Kombination mit der Schulung der Körperwahrnehmung. In der Praxis geht es darum, dass Sie mit Ihren Klienten üben, einen unangenehmen Film innerlich ablaufen zu lassen bzw. eine schmerzhafte Szene oder Bilder oder sich auch ein Standbild innerlich vorzustellen. Dieses „innere Sehen", das Hinschauen und nicht die Augen verschließen, sind im wahrsten Sinne des Wortes die Absicht dieser Übung, die das Gegenteil der Vermeidung darstellt. Die Absicht in der Schulung der Körperwahrnehmung liegt darin, dass

---

[1] Diese Technik finden Sie nicht im Ursprungswerk von Wagner (2011). Aufgrund unserer eigenen Praxiserfahrungen haben wir die hier beschriebene Technik sukzessive entwickelt, immer wieder modifiziert und verbessert.

die Körperreaktion auf den „inneren Film" eine leibliche Spiegelung positiver und negativer Gefühle ist. Der Klient kann dadurch seine Gefühle besser spüren, ist weniger „im Kopf" und die Tendenz zur Vermeidung sinkt.

Eine positive Einführung in diese Technik ist eine Sinnesreise, z. B. zum Traumstrand oder -wald, die in vielen therapeutischen Verfahren genutzt wird. In dieser Übung können Sie neben dem Sehsinn, noch andere für die Introvision nützliche Sinne bei Ihrem Klienten aktivieren. Nach und nach fragen Sie Ihren Klienten: Was bzw. welche Personen sehen Sie? Oder welche Szenen spielen sich an Ihrem Traumstrand ab? Wie riecht es dort an Ihrem Traumstrand? Vielleicht schmecken Sie ja auch etwas? Was hören Sie dort? Was spüren bzw. tasten Sie? Was spüren Sie in Ihrem Körper? Sobald Ihr Klient Routine mit dieser Übung bekommt, können Sie mit ihm die letzte Woche/letzten Tag innerlich – den inneren Film – ablaufen lassen, so dass der Klient sich vorstellt, was positiv und negativ war. Eine Anleitung dazu könnte z. B. wie folgt lauten: Stellen Sie sich die Szenen oder Bilder der letzten Woche vor. Haben Sie Unangenehmes erlebt? Was bzw. welche Personen sehen Sie? Was hören Sie? Welche Gefühle kommen hoch? Oder welche Szenen spielen sich zwischen den Personen und Ihnen ab? Halten Sie Ihren inneren Film genau dort an, wo Ihr Körper besonders negativ auf eine Szene reagiert z. B. wo Sie schwer atmen, die Luft anhalten, wo Sie Druck auf Ihrer Brust verspüren oder einen Herzstich, Herzrasen verspüren, Sie Ihre Schultern hochziehen, einen Kloß im Hals spüren, Ihre Beine weich werden? Sie können auch die Reaktion der körperlichen Schwachstellen Ihres Klienten erfragen, falls Sie diese kennen. In jedem Fall können Sie diese Übung auch in der Positiv-Variante üben und dann gezielt fragen, an welchen Stellen sich der Körper Ihres Klienten entspannt bzw. sich gut anfühlt.

Die Absicht, die hinter dieser sinnlich-körperlichen Kerntechnik der Introvision steckt, ist, dass der Klient sich das Unangenehme innerlich immer besser vorstellen bzw. imaginieren kann, da die konkrete leibliche Exposition in vivo, wie z. B. bei der Höhenangst auf einem hohen Gebäude, in der Introvision nicht möglich ist.

Techniken, die schonend auf die Introvision vorbereiten und stabilisieren
Die folgenden stichpunktartig aufgeführten Übungen helfen, dass Sie Ihre Klienten langsam daran gewöhnen, dem Negativen ins „Auge zu schauen" und sie dabei gleichzeitig zu stabilisieren:

- Anamnestisch und auch als erste Konfrontation mit dem Negativen eignet sich die Übung „Das auf und ab des Lebens" (Kast 2010).
- Konfrontierend und gleichzeitig stabilisierend wirkt das Therapeutische Schreiben in den unterschiedlichsten Varianten z. B. mit gezielten Fragen, dem Aufschreiben von belastenden Erlebnissen (Pennebaker 2009) oder dem freien, intuitiven Schreiben.

- Hilfreich gegen starre Soll-Vorstellungen, die das Vermeiden begünstigen (z. B. „Ich muss die Zähne zusammenbeißen", „Ich darf keine Gefühle haben" bzw. „Ich darf nicht schwach sein"), ist es, in den Therapiestunden abzufragen: Was hat Sie gestört in der letzten Woche? Oder: Was stört Sie jetzt gerade? (Quelle: eigene Übung der Autorinnen)
- Die Anwendung der Beckschen Spaltentechnik (Beck 2010) wird Ihrem Klienten sukzessive deutlich machen, dass man durch diese kognitive Technik zwar etwas weiterkommt, aber den emotionalen Durchbruch nicht schafft.
- Eine erste Exposition mit negativen Erfahrungen, die aber auch gleichzeitig haltgebend ist, kann gut durch das COPE-Kartenset (Kartenset aus der „OH"-Kartenfamilie, www.oh-cards.com) gelingen: Fragen Sie Ihre Klienten, welche Bilder sie an etwas Negatives und etwas Positives erinnern und lassen Sie sie jede Sitzung über die Karten ihre Geschichten erzählen (Quelle: eigene Übung der Autorinnen).
- Eine stärkere Hinführung zur Exposition ist jene, wenn Sie Ihren Klienten bitten, zu einer angstmachenden Situation alle Befürchtungen, Sorgen und Ängste im Detail aufzuschreiben. Sie können die schlimmsten Befürchtungen von Ihren Klienten einkreisen lassen, denn diese sind meist Gegenstand der Introvision. (Quelle: eigene Übung der Autorinnen in Anlehnung an Ramirez und Bellock 2011)
- Hilfreich und erleichternd ist oft auch, wenn Ihr Klient die starren Soll-Vorstellungen in seinem Umfeld exploriert z. B. jene aus der Familie, von Arbeitskollegen, Bekannten, Freunden, Nachbarn, Partner. Anschließend kann Ihr Klient entscheiden, ob das auch seine Sollvorstellungen sind, er diese einfach übernommen hat oder ob er manche loswerden will und es aber nicht kann. Bei letzteren können Sie dann direkt weiter machen mit der Introvision, wenn Ihr Klient dies wünscht (Quelle: eigene Übung der Autorinnen).

3.3   Wie können Sie die Introvision Schritt für Schritt durchführen?

Im Folgenden wird die Introvision anhand einer weiteren Introvisionstherapiesitzung von Frau X. zum Thema „Konflikt" detailliert dargestellt. In den fett gedruckten Bereichen finden Sie die Anleitung für den Therapeuten. Am Ende dieses Therapiegesprächs wird mit Hilfe der Introvision deutlich, dass eine Depression ursächlich ist für den Konflikt. Auch hier ist wieder anzumerken, dass auch diese Darstellung des Therapiegesprächs stark verkürzt erfolgen muss und das prozesshafte Therapiegeschehen nicht abgebildet werden kann.

1) Die Klientin kommt zu ihrer Introvisionstherapeutin mit einem Anliegen.

Nachdem Frau X. nun schon mehrere Introvisions-Sitzungen erlebt hat und viele der vorbereitenden Übungen (siehe Kap. 3.2) gut für sich und für die Introvision nutzen konnte, kommt sie heute mit dem Thema Konflikt zu ihrer Introvisionstherapeutin.

2) Die Klientin beschreibt die belastende Situation.

Sie beklagt sich bei ihrer Therapeutin darüber, dass sie eigentlich schon immer in ihrem Leben ausgenutzt wurde und auch jetzt schon wieder. Frau X. berichtet über Treffen mit einem befreundeten Ehepaar, bei denen sie selbst immer „tolle Menüs zubereitet und sich solche Mühe macht" und „… von denen aber immer nur ein gewöhnliches Abendessen zurückkommt". Frau X. ist sehr verärgert über das befreundete Paar und sie überlegt, ihnen die Freundschaft zu kündigen und sich einfach überhaupt nicht mehr zu melden. „Ich mache und tue und opfere mich immer für die anderen auf, und was ist …? Es kommt so verdammt selten etwas zurück! Wenn es mir dann mal nicht so gut geht oder ich jemanden oder etwas brauche, dann sind die meisten von meinen Freunden und Bekannten nicht für mich da. Da habe ich keine Lust mehr drauf. Was sind das bloß für Menschen um mich herum!? Ich mache und mache, und die anderen nehmen immer nur und machen selbst total wenig!" beklagt sich Frau X. über ihr „Lebensschicksal", das sie bislang immer wieder eingeholt hat.

3a) Die Therapeutin macht ihrer Klientin das Angebot, den zum Konflikt gehörigen „inneren Film" (siehe Kap. 3.2) vor ihrem inneren Auge abzuspielen, um sich selbst wieder in die Situation einfühlen zu können. Frau X. ist bereits geübt in der Methode des „inneren Films", aber dennoch ist es notwendig, zusätzlich einleitende Fragen zu stellen, um die Gefühle der Klientin zu aktivieren, wie z. B.: *„Welche Gefühle tauchten auf, was war das stärkste Gefühl das hochkam? Wie hat ihr Körper in dieser Situation reagiert, was haben Sie konkret gespürt?"*

Spontan antwortet Frau X. auf diese Fragen der Therapeutin „Ich ärgere mich total, dass von denen so wenig zurückkommt. Ich mache immer so viel und die wertschätzen das überhaupt nicht, dass ich mir so viel Mühe gebe!"

3b) Für den Fall, dass das Problem für den Klienten nicht so deutlich ist (wie hier) oder kein „Anfang des Problems" vom Klienten benannt werden kann, kann der Therapeut z. B. fragen: „Was ist für Sie gerade das Schlimmste?" oder „Was belastet Sie heute am meisten?"

Die Therapeutin fragt bei Frau X. noch einmal nach, was sie denn am stärksten belastet. Die Klientin antwortet: „Das ICH immer so viel mache und die anderen immer nur nehmen!"

4) Spätestens ab jetzt schreibt der Introvisionstherapeut parallel die zentrale Belastung und die nachfolgenden Ängste des Klienten mit, entweder auf einem Flipchart oder auf einem separaten Notizzettel. Hier ist es besonders wichtig, genau die Worte des Klienten zu nutzen, da jedes einzelne Wort immer eine subjektive Bedeutung hat (vgl. Wagner 2011, S. 206 f.). Wir empfehlen deshalb keine Umformulierungen, Zusammenfassungen oder Abstrahierungen des Gesagten vorzunehmen. Introvisionstherapeuten sollten sich immer am Originalton des Klienten orientieren. Entsprechend ist es wichtig, dem Klienten nicht eigene Wörter zur Beschreibung von Gefühlen oder Situationen anzubieten, wenn er ins Stocken gerät. Daher ist auch das Aushalten von Stille und Pausen eine wichtige therapeutische Fähigkeit, die in der Introvisionstherapie notwendig ist, um im „O-Ton" des Klienten zu bleiben bzw. genau diesen und damit auch die subjektive Bedeutung „heraus zu locken"[2].

Der Therapeut von Frau X. notiert als erste Angst auf dem Flipchart „Es kann sein, dass die anderen immer nur nehmen."

5) Die Therapeutin fragt Frau X. daraufhin: „Welche Gefühle kommen bei Ihnen hoch, wenn Sie daran denken, dass die anderen immer nur nehmen? Was ist für Sie so unangenehm daran?" Die Klientin atmet tief durch und überlegt eine Zeitlang. Plötzlich meint sie: „Dann fühle ich mich überhaupt nicht wertgeschätzt, wie blöd, obwohl ich ja diejenige bin, die so enorm viel macht!" Die Therapeutin fragt daraufhin nach: „Frau X., was ist am schlimmsten für Sie: Dass Sie sich nicht wertgeschätzt oder wie blöd fühlen?" Unter Tränen antwortet die Klientin: „… das ich nicht wertgeschätzt werde, obwohl ich so viel mache." Entsprechend notiert die Therapeutin auf dem Flipchart „Es kann sein, dass ich nicht wertgeschätzt werde, obwohl ich so viel mache."

Im Verlauf des Introvisionsgesprächs verfährt man immer weiter mit dieser Fragetechnik, d. h. als Therapeut greift man die letztgenannte Angst bzw. starre Soll-Vorstellung auf und fragt „Was ist (wiederum) so unangenehm daran, dass …?" Im Verlauf der Therapiestunde(n) bietet es sich an, unterschiedliche Fragen, auch je nach Kontext des Problems/der Belastung, anzubieten, d. h. flexibel mit der Introvisions-Fragetechnik umzugehen und zu variieren. Hier einige Beispiele:

- **Was befürchten Sie?**
- **Was ist so schlimm daran?**
- **Wovor haben Sie Angst?**

---

[2] Die in Schritt 4) beschriebenen Techniken werden auch in vielen anderen psychotherapeutischen Verfahren genutzt.

- **Was könnte schlimmstenfalls passieren („worst case Szenario")?**
- **Was ist für Sie so unangenehm daran?**
- **Welche Gefühle kommen bei Ihnen hoch?**
- **Was ist Ihre Sorge?**
- **Was hindert Sie daran, es nicht zu tun?**
- **Wenn man nur schwer an Gefühle herankommt: Was spüren Sie in Ihrem Körper, wenn Sie an … denken? Fragen nach Körperempfindungen haben sich insbesondere bei „verkopften" Menschen bewährt.**

Die darauffolgenden Antworten des Klienten werden vom Introvisionstherapeuten wiederum nach der schlimmsten Angst bzw. nach dem Unangenehmsten gefiltert. Auch das muss häufig noch extra erfragt werden, wie in diesem Beispiel von Frau X., da es sonst sein kann, dass man an einer weniger unangenehmen Befürchtung weitermacht und das Introvisionstherapiegespräch in einer Sackgasse bzw. in einer Vermeidungsstrategie verläuft.

Die schlimmste Angst wird jeweils immer mit einem Satz wie *„Es kann sein, dass …"* oder *„Es besteht die Möglichkeit, dass …"* auf einem Flipchart bzw. auf einem separaten Zettel vom Therapeuten notiert.

6) Darüber hinaus ist es ebenfalls zentral, auch die biographische Quelle zur Angst aufzufinden, zu benennen und zu beschreiben, wie z. B. mit Fragen wie „Kennen Sie das auch aus anderen Situationen? Gab es das schon mal in Ihrem Leben?" Die Therapeutin fragt in unserem Beispiel Frau X. genauso und lässt ihre Klientin ausführlich explorieren.

Frau X. schluckt daraufhin bei dieser neuen Erkenntnis („Es kann sein, dass ich nicht wertgeschätzt werde, obwohl ich so viel mache."), erinnert sich dabei an früher und sagt tränenaufgelöst: „Ich konnte machen, machen, machen … es war nie genug oder richtig für meine Eltern … Nie, nie war ich richtig … Ich habe mir immer die Beine ausgerissen, damit sie endlich zufrieden sind, aber es war nie richtig … Es war so anstrengend …".

7) Nach einer Zeit der gemeinsamen Reflexion über die Kindheitserlebnisse von Frau X. fragt die Therapeutin „Was wäre denn so schlimm daran, wenn Sie einmal weniger machen würden für ihre Bekannten? D. h. was wäre so unangenehm, wenn Sie genauso wenig bzw. viel geben würden, wie die anderen?" Frau X. antwortet zunächst eher auf der rationalen Ebene: „Aber der Gast ist doch König, dem muss man doch etwas Besonderes bieten. Das gehört sich doch so, dass alles schön gedeckt ist und na, ja, … alles soll eben rund und perfekt sein, damit es ein schöner Abend wird. Meine Mutter hat das auch immer so gemacht." Die Therapeutin notiert auf dem Flipchart „Es kann sein, dass alles nicht rund und perfekt ist und es deswegen kein schöner Abend wird." Frau X. stimmt dieser Möglichkeit nickend zu, ohne jedoch besondere verbale oder nonverbale Gefühlsregungen zu

zeigen. Deswegen hakt die Therapeutin nochmal bei ihrer Klientin nach, weil sie spürt, dass Frau X. das Unangenehme umgeht und eher kognitiv auf die Frage reagiert. „Frau X., mich interessiert besonders, was Ihnen denn fehlen würde, wenn sie nicht wie Ihre Mutter alles perfekt und besonders schön machen würden? Was wäre, wenn Sie ohne besonderen Aufwand etwas Einfaches kochen würden, so wie es vielleicht Ihre Freunde auch machen?"

In diesem Dialog wird kurzfristig das Vermeidungsverhalten von Frau X. deutlich, was die Therapeutin daran merkt, dass Frau X. auf einer kognitiven Ebene argumentiert und wenig Gefühlsregungen zeigt, als sie den „Es kann sein"-Satz aufschreibt. Auch an „ja aber"-Reaktionen und an einem argumentativen Kreisen merkt man als Introvisionstherapeut, dass der Klient die Konfrontation vermeidet. Allerdings ist es häufig notwendig, (kognitive) „Umwege" zu gehen, damit der Klient selbst das belastende Erlebnis noch einmal rekonstruieren kann. So hat der Klient die Möglichkeit, seine Gefühle in kleinen Schritten nachzuerleben, er ist zufriedener, weil seine Geschichte sich für ihn „runder" anfühlt.

Eine weitere Möglichkeit Vermeidungsverhalten aufzudecken, besteht in der Fähigkeit des Therapeuten zur Resonanz. Versteht man Resonanz als Widerhall von Gefühlen, Gedanken, Äußerungen oder Körperempfindungen des Klienten beim Therapeuten oder auch als Mitschwingen des Therapeuten (Baer 2012, S. 234), dann ist es möglich, als Therapeut zu *spüren*, wie es dem Klienten gefühlsmäßig geht und in welchen Körperregionen sich die Angst beim Klienten besonders zeigt. Solche Resonanzen gilt es im Dialog mit dem Klienten immer wieder zu überprüfen. Die Klienten in der Introvisionstherapie empfinden die gespiegelte Resonanz der Therapeuten (z. B. „Ich spüre bei mir einen Kloß im Hals. Ist der auch bei Ihnen da?") zumeist als sehr hilfreich, stabilisierend und vor allem auch als „mitgehend", d. h. der Therapeut geht emotional mit, auf dem teilweise sehr beschwerlichen therapeutischen Weg, so dass sich der Klient nicht alleine fühlt. Zu beachten sind in diesem Kontext auch Übertragungs- und Gegenübertragungsphänomene sowie die Regulation dieser.

8) Frau X. geht in sich und meint nach einer längeren Zeit des Dialogs mit ihrer Therapeutin: „Dann würde doch keiner mehr klatschen. Wenn ich etwas besonders Schönes koche, freuen sich doch immer alle und ich werde so gelobt!" Die Therapeutin notiert: „Es kann sein, dass keiner klatscht und ich nicht gelobt werde." Nach einer kurzen Pause für die Klientin, in der sie die Möglichkeit bekommt durch diese neue Angst „hindurchzugehen", fragt ihre Therapeutin: „Was ist für Sie so unangenehm daran nicht gelobt zu werden? Wie fühlen Sie sich, wenn keiner klatscht?" Frau X. antwortet unter Tränen: „Dann fehlt mir doch so das Lob, ich brauche das!" Die Therapeutin fragt nochmals nach. „Frau X., wie fühlen Sie

sich, wenn Sie mal nicht gelobt werden?" Nach einer längeren Pause meint die Klientin schließlich: „Dann fühle ich mich so wertlos … und irgendwie überflüssig … und ja, vor allem ungeliebt …" Frau X. erinnert sich in diesem Zusammenhang an unterschiedliche Situationen aus ihrer Kindheit, in denen sie immer etwas Besonderes leisten musste, um überhaupt von den Eltern gesehen und gelobt zu werden und sich schließlich auch geliebt zu fühlen. Als die Therapeutin den Satz „Es kann sein, dass ich nicht geliebt werde, wenn ich nichts Besonderes leiste." auf das Flipchart schreibt, sackt Frau X. körperlich in ihrem Stuhl zusammen und fühlt sich dabei sehr erschöpft, aber auch gleichzeitig erleichtert.

An dieser Reaktion von Frau X. wird deutlich, dass sie am „Kern" bzw. an der Ursache ihrer Ängste angekommen ist. Viele Klienten haben dann das Gefühl „überrollt zu werden" oder „von einem Pferd getreten worden zu sein". Die körperliche Erschöpfung – häufig gepaart mit negativen Körpergefühlen (z. B. Kloß im Hals, Druck auf Brust) – ist ein zentraler Indikator dafür, an der Ursache des Problems, d. h. an der Kernangst angekommen zu sein. Nicht selten weinen Klienten auch. Fast immer tritt nach diesem „seelischen und körperlichen Erdbeben" eine spontane Erleichterung und ein positiver Aha-Effekt ein. In einigen Fällen dominiert eine Art kurzfristiger Schock des Klienten über diese neue Erkenntnis bzw. Angstursache, die es dann aufzufangen und zu reflektieren gilt.

Es besteht aber auch die Möglichkeit, dass ein Klient kurz vor dem Ende der „Angstkette" erst mal nicht weiter machen möchte bzw. kann oder deutlich nein sagt, weil er nicht weiter will oder er eine Leere empfindet oder eine „schwarze Wand" sieht. In diesen oder ähnlich Fällen ist es ratsam, nicht fortzufahren, weil z. B. ein Trauma[3] die Ursache für die Angst sein könnte. In solchen Fällen gilt es erst einmal stabilisierend mit dem Klienten zu arbeiten, mit der Introvision aufzuhören und ihn an einen Traumafachtherapeuten weiterzuempfehlen, da bei einem Trauma die graduierte Konfrontation nur mit einem speziell dafür ausgebildeten Therapeuten erfolgen sollte.

Wichtig ist noch zu erwähnen, dass die erarbeitete „Kette von Ängsten bzw. starren Soll-Vorstellungen" nicht logisch sein muss i. S. v. auf A muss B folgen etc.

9) Sobald Klient und Therapeut zusammen den „Knotenpunkt" der Angst gefunden haben, bietet es sich – je nach Geschmack und individueller Präferenz – an, dass der Klient seinen Angstkern malt und auf dem Bild den dazu-

---

[3] Im Rahmen der Anamnese sollten traumatische Erlebnisse abgefragt werden und die Introvision sollte dann nicht durchgeführt werden. Dennoch passiert es, dass Traumata den Klienten im Anamnesegespräch nicht einfallen.

gehörigen „Es kann sein"-Satz dazuschreibt. Dieser Schritt bewirkt zumeist, dass das jeweils spezifische Angstgefühl noch einmal deutlicher, greifbarer und damit „fühlbarer" wird.

Dieses kreative Angebot verfolgt die Absicht, dass dem/den Angstgefühl(en) Ausdruck bzw. eine andere Gestalt verliehen wird, was bei der Verarbeitung der belastenden Erlebnisse und bei der Konfrontation nochmals unterstützend wirken kann. Je mehr der Angst Gestalt verliehen wird, desto mehr nimmt diese Angst ab.

10) Um eine Wirksamkeit der Introvisionstherapie zu erreichen, ist es zentral, dass sich der Klient auch zuhause mit der Angstkette konfrontiert, um sich nach und nach an diese Angst gewöhnen zu können. Dazu bittet der Therapeut den Klienten am Ende der Sitzung die erarbeiteten „Es kann sein"-Sätze selbst handschriftlich auf Karteikarten zu schreiben. Dieser Schritt hilft nochmals, dass der Klient auf das Unangenehme schaut und mögliche Missverständnisse oder auch Formulierungen noch einmal besprochen und korrigiert werden können. Auf die Rückseite seiner Karteikarten schreibt sich der Klient noch jeweils Stichpunkte zu seinem „inneren Film" bzw. zu seinem „schlimmsten Standbild", welche er mit der jeweiligen Angst assoziiert, so dass er in der Lage ist, sich mit dem unangenehmen inneren Film auch zuhause zu konfrontieren.

In dem vorliegenden Fall von Frau X. ist es so, dass sie bei dem Satz „Es kann sein, dass keiner klatscht und ich nicht gelobt werde." enttäuschte Gesichter von ihren Bekannten imaginiert. Die Therapeutin erfragt zusätzlich noch einmal die Reaktion der einzelnen Körperbereiche bei Frau X. und geht in körperliche Resonanz mit ihr, was Frau X. das Gefühl gibt, nicht mit ihrem Schmerz alleine zu sein.

Auch hier ist es wieder wichtig darauf zu achten, dass keine Vermeidung stattfindet, d. h. der Klient ganz konkret bei ihren Erlebnissen bleibt und nicht z. B. durch eine andere Wortwahl vermeidet.

Der Klient bekommt seine Karteikarten sowie sein Bild als therapeutische Hausaufgabe mit nach Hause, mit der Empfehlung, das Unangenehme, plus dem „inneren Film" zu imaginieren. Es bietet sich an, mit dem Klienten gemeinsam eine Vereinbarung zu treffen, wie häufig er sich zutraut, diese Übung durchzuführen.

11) Ein weiterer wesentlicher therapeutischer Schritt aus der Angstkonfrontation besteht darin, in die handlungsorientierte Therapiearbeit überzugehen. Dies ist zum einen relevant, um ein Gleichgewicht zwischen der notwendigen unangenehmen Angstkonfrontation und dem ebenfalls notwendigen inneren Halt bzw. der notwendigen inneren Kräftigung zu schaffen. Zum anderen ist es für den Therapieerfolg von entscheidender Bedeutung, dass

die Erkenntnisse aus der Introvision und die Gewöhnung an die Angst ganz praktisch für die Ermöglichung neuer Erfahrungen im Alltag genutzt werden („Exposition in praxis"). Denn nur durch neue Erfahrungen ist Veränderung möglich. Die therapeutische Integration der Introvision in den Alltag erfolgt individuell je nach Kompetenzen und Ressourcen des Klienten sowie angepasst an seine jeweilige Problemstellung. Am Beispiel von Frau X. werden nun Möglichkeiten einer weiterführenden Integration der Introvision in den Alltag aufgezeigt.

In den nachfolgenden Therapiesitzungen reflektiert Frau X. die Auswirkungen, die ihre „Angstkette" auf ihre Beziehungen zu anderen Menschen hatte und hat. Zusammen mit ihrer Therapeutin wird Frau X. mehr und mehr klar, dass ihre Angst und ihre persönlichen Erfahrungen das Problem sind und nicht das vermeintliche „egoistische" Nehmen der anderen. Denn die Anderen nehmen nur was ihnen angeboten wird und denken, dass dies so in Ordnung ist. Frau X. wird in der Reflexion mit ihrer Therapeutin bewusst, dass sie selbst dafür verantwortlich ist, dass sie immer so viel Besonderes für die anderen macht. Schließlich kann sie nicht erwarten, dass ihre Bekannten aus der gleichen Angst das gleiche große Essen machen wollen, wie sie. Zudem wird auch deutlich, dass Frau X. mit ihrem Verhaltensmuster Beziehungen „anzieht", die, wie früher bei ihren Eltern, an Leistungen und Bedingungen geknüpft sind. Darüber hinaus ist es sehr wahrscheinlich, dass Frau X. mit ihrem so stark gebendem Verhalten auch Menschen anlockt, die sie ausnutzen, weil sie z. B. selber nicht viel können, bedürftig sind oder schlichtweg einfach bequem sind. Auf Basis dieser Reflexionen wird Frau X. immer bewusster, dass mit ihrem Verhaltens- und Beziehungsmuster Konflikte vorprogrammiert sind. Daher entscheidet sich die Therapeutin das Thema Konflikte noch intensiver mit Frau X. zu bearbeiten. Eine zentrale Introvisions-Frage, die sich aus den oben beschriebenen „Konflikt-Erzählungen" von Frau X. herauskristallisiert, ist z. B. „Was ist so schlimm daran, Hilfe oder Unterstützung von Anderen zu fordern, wenn Sie sie mal brauchen?" Es kommt schließlich heraus, dass Frau X. dann den Streit und Konflikt fürchtet und sie fürchtet ihn, weil sie Angst hat, dass ihre Bekannten ihr dann die Freundschaft kündigen, wenn sie „schwierig" wird. Neben der oben herausgearbeiteten Angst davor, nicht geliebt zu werden, kommt nun die Verlustangst hinzu, also die Angst, alleine dazustehen. Als die Therapeutin dann noch mal das Thema „Nein sagen" und anderen „Grenzen setzen" aufgreift (als gesunder Schutz vor dem Ausnutzen), stellt sich wiederum heraus, dass Frau X. Streit und Konflikt fürchtet, wenn sie anderen Grenzen setzt, woraus sich ihre große Angst vor Ablehnung nährt, denn Kritik kam damals als Kind sehr schlecht bei ihren Eltern an, die daraufhin mit Liebesentzug reagierten.

Aus den Ergebnissen dieser Introvisionsgespräche erarbeitet die Therapeutin mit Frau X. nach und nach ihr Beziehungsmuster heraus, das wie folgt lautet: „Ich mache ganz viel, damit die anderen klatschen. Und weil das für mich so wichtig ist, das die anderen klatschen, mache ich noch mehr für sie. Die anderen nehmen und die meisten von meinen Freunden geben aber viel weniger als ich. Ich fühle mich dann ausgenutzt. Ärger und Konflikte sind vorprogrammiert, aber ich reagiere immer nur mit indirekten Vorwürfen und meist erfolgt ein unreifer Abbruch der Beziehungen ohne ein Gespräch. Und in meinem Innersten denke ich dann immer: Ich bin die Gute, die anderen sind die Schlechten!"

Betrachtet man dieses Beziehungsmuster nun mit dem psychoanalytischen Blick von Riemann (2011, S. 68–120), so wurden mit Hilfe der Introvisionsgespräche die zentralen Ängste eines Menschen mit Depressionen aufgedeckt: Die Angst vor der Selbst-Werdung mit der sich daraus ergebenden Verlustangst, der Angst vor dem Alleingelassen werden, vor der Einsamkeit und vor dem nicht gebraucht werden, da der Depressive so sehr auf die Liebe und Ich-Stärke anderer angewiesen ist. Aus all dem resultiert nach Riemann (ebd.) die Angst, gesunde Aggression zu zeigen, z. B. in Form von Einfordern, Konflikte eingehen oder Nein-sagen/Grenzen setzen.

12) Weitere sinnvolle therapeutische Schritte zur Integration der Introvisionstherapie in den Alltag könnten im Fall von Frau X. zum Beispiel die folgenden sein:

- **Durch die zunächst unangenehme Erfahrung durchgehen, nichts Besonderes zu machen, z. B. im privaten, das „normale" Kochen oder im beruflichen, das mäßige Arbeiten. Wichtig ist es für Frau X. erste Erfahrungen im Nein-Sagen und Grenzen setzen zu machen („Exposition in praxis").**
- **Erarbeitung der „Überlebensregel" und der „Lebensregel" nach Sulz (2011) und in dem Zusammenhang: Was brauche ich, um meine Lebensregel umzusetzen?**
- **Was brauchen Sie im Hier und Jetzt, um Liebe und Beziehungen zu erfahren, die nicht an besondere Leistungen geknüpft sind? Bei welchen Menschen können Sie ganz konkret ehrliche und authentische Anerkennung, Liebe, Wertschätzung und Bestätigung bekommen? Wo kriegen Sie diese Liebe und Wertschätzung nicht? Wie gehen Sie damit um?**
- **Was könnte Ihnen im Hier und Jetzt helfen? Was hätte Ihrem „inneren Kind" (Chopich und Paul 2014) damals geholfen?**
- **Anerkennung und Wertschätzung für sich selbst i. S. von Selbstliebe, Selbstvertrauen und Selbstbewusstsein z. B. durch stabilisierende, ressourcenorientierte und identitätsfördernde Methoden erarbeiten.**

Als erfahrener Psychotherapeut, Coach oder Berater werden Sie längst erkannt haben, dass die Introvision nicht als Gruppentherapie, sondern nur als Einzeltherapie sinnvoll eingesetzt werden kann. Obwohl Gruppentherapie nicht möglich ist, kann die Introvision dennoch in unterschiedlichen Gruppenkontexten eingesetzt werden, wie z. B. in Betrieben (Kap. 4.2) und in der beruflichen Rehabilitation für psychisch erkrankte Menschen (Kap. 4.3). Zudem finden Sie in Kap. 4.1. weitere Anwendungsmöglichkeiten der Introvision für die Einzeltherapie.

4.1 Welche weiteren Anwendungsmöglichkeiten gibt es in der Einzeltherapie?

Im Folgenden zeigen wir Ihnen eine kleine Auswahl weiterer Fallbeispiele aus unserer Praxis.

Fallbeispiel 3: *Perfektionismus und kontrollierende Zwangshandlungen*

Frau Y., 29 Jahre, in einer Beziehung, in der Sachbearbeitung tätig, kommt in die Introvisionstherapie mit starken Erschöpfungssymptomen, Rückenschmerzen und häufigen Kopfschmerzen. Sie schildert, ihr Arbeitspensum nicht mehr zu schaffen. Die Kollegen müssen ihre Arbeit miterledigen. Das macht sie unbeliebt. Die Kollegen beklagen sich, Frau Y. würde zu langsam arbeiten und sie müssten es ausbaden. Der Chef ist unzufrieden, und fragt, was sie den ganzen Tag macht. Das setzt Frau Y. enorm unter Druck. Ihr fällt es zunehmend schwerer, Prioritäten zu setzen.

In der Introvisionstherapie wird Frau Y. durch die aufgedeckten starren Sollvorstellungen wie „Ich darf keine Fehler machen.", „Ich kann mir nicht trau-

© Springer Fachmedien Wiesbaden 2016
M. Neumann, K. Heck, *Introvision bei Stress- und Angstbewältigung*, essentials,
DOI 10.1007/978-3-658-12035-1_4

en und muss meine Ergebnisse mehrmals kontrollieren." und „Ich muss mir hundertprozentig sicher sein." ihr hoher Arbeitsanspruch deutlich. Dieser ist bei Frau Y. mit der Befürchtung verbunden, für „dumme" Fehler getadelt und gemieden zu werden, so wie es ihr früher bei Flüchtigkeitsfehlern bei ihren Eltern geschehen ist. Das darf ihr auf gar keinen Fall nochmals passieren. In den Introvisionssitzungen wird auch ihr innerlicher Zwang, Arbeitsergebnisse mehrfach kontrollieren zu müssen, um das Gefühl von Sicherheit zu erlangen, thematisiert. Frau Y. nimmt in den folgenden Wochen mehrmals die Erkenntnis wahr „Es kann sein, dass ich bei einem dummen Flüchtigkeitsfehler von anderen gemieden werde." mit der dazu verbundenen Befürchtung, „dann bin ich allein". Diese Befürchtung beginnt bei Frau Y. nach und nach ihren Schrecken zu verlieren. Frau Y. gelingt es, den Teufelskreislauf – immer alles ganz genau zu machen und es sich genau dadurch mit den Kollegen zu verscherzen – im Arbeitsalltag zu durchbrechen, weil die befürchtete Ablehnung von ihren Kollegen nicht eintritt. In den folgenden Sitzungen wurde weiterhin daran gearbeitet, Handlungsstrategien zu entwickeln, um die oben geschilderte Unsicherheit schrittweise auszuhalten.

Fallbeispiel 4: *Flugangst*

Frau Z., 21 Jahre, alleinstehend, leidet unter Flugangst. Sie kann sich zwar immer wieder überwinden, leidet jedoch während des Fluges unter akuten Angst- und Panikzuständen. Einen konkreten Auslöser sieht Frau Z. nicht für ihre Flugangst. Diese hat sich im Laufe der Zeit immer weiter gesteigert. In den folgenden Introvisionssitzungen durchläuft Frau Z. in der Vorstellung mit Hilfe der Technik des „inneren Films" eine Flugsituation aus ihrer Vergangenheit und bleibt gedanklich dort stehen, wo für sie das unangenehme Gefühl kaum noch auszuhalten ist. Frau Z. schildert das Bild genauer und erzählt von dem Moment, wo das Flugzeug die Turbinen startet, es wird lauter, die Türen sind zu und sie kann nicht mehr gehen. Nun – so sagt sie – ist sie auf den Piloten angewiesen und ihm völlig ausgeliefert. Für Frau Z. dominiert hier das Gefühl, die Kontrolle zu verlieren und dem Geschehen hilflos ausgeliefert zu sein. Denn sie muss darauf vertrauen, dass der Pilot die Kontrolle hat und weiß, was er da vorne tut. Im weiteren Verlauf der Sitzungen wird deutlich, dass Frau Z. es auch aus anderen Situationen in ihrem Alltag kennt, gerne die Kontrolle behalten zu wollen und das Gefühl von Hilflosigkeit kann sie nur schwer aushalten. In den weiteren Sitzungen lernt Frau Z. schrittweise, sich mit diesem Kern „Es kann sein, dass ich hilflos bin" und der damit verbundenen Angst auseinanderzusetzen, um so wieder gelassener Flüge zu erleben.

Fallbeispiel 5: *Prokrastination (Aufschiebeverhalten) mit Depression,*
burnout-gefährdet

Herr XY., 44 Jahre alt, alleinstehend, im Vertrieb tätig, hatte einige Jahre BWL studiert, jedoch kurz vor der Abschlussprüfung das Studium abgebrochen. Herr XY. hatte sich im Laufe der Zeit hochgearbeitet und befand sich in einer Führungsposition, die mit einem hohen Reiseanteil einherging. Er ist seit einigen Wochen krankgeschrieben und eine Kündigung des Arbeitsverhältnisses steht bevor.

Herr XY. kommt mit Burnouttendenzen, einhergehend mit Erschöpfungsgefühlen und Antriebslosigkeit, immer wiederkehrenden Rückenschmerzen, einem geschwächten Immunsystem, dass sich durch häufige Erkältungen zeigt. Eine neurologische und allgemeinmedizinische Abklärung ist bereits ohne Befund erfolgt. Die drohende Arbeitslosigkeit und die Angst, keinen neuen Job zu finden, stellen für Herrn XY. aktuell die größte Belastung dar. Es gelingt ihm trotz genügend vorhandener Zeit nicht, sich aktiv um einen neuen Arbeitsplatz zu bewerben.

In der ersten Introvisionssitzung wird deutlich, dass Herrn XY. dieses Muster schon aus früheren Zeiten bekannt ist und er gerade dann, wenn es darum geht, für sich zu sorgen, andere Prioritäten vorschiebt: „Ich muss erst einmal …, bevor ich …". So hatte Herr XY. erst einmal seinen gesamten Papierkram in Ordnung gebracht, als er sich seine Arbeitszeugnisse zusammensuchen wollte und hat hinterher auch noch sein Arbeitszimmer umgeräumt. Auch eine Freundin benötigte Unterstützung bei ihrem Umzug und Herr XY. bot sich natürlich tatkräftig an. Die Zeit ging ins Land und der Druck, einen neuen Job zu finden stieg.

In den darauffolgenden Introvisionssitzungen wurde deutlich, dass Herr XY. enorme Angst vor schlechten Bewertungen und der damit einhergehenden Ablehnung hat. Hintergrund hierfür ist das nicht abgeschlossene Studium: Trotz seiner langjährigen beruflichen Erfahrungen gelingt es ihm nicht, sich diesen Abbruch zu verzeihen und seine Wahrnehmung auf das, was er bisher positives geleistet hat, zu lenken. Im weiteren Gesprächsverlauf wird deutlich, dass im Elternhaus von Herrn XY. gute Leistungen selbstverständlich waren, schlechte Leistungen aber deutlich getadelt wurden. Herr XY. erhielt also kaum positive Resonanz für vorhandene gute Leistungen und hat bis heute große Schwierigkeiten, sich selbst bzgl. seiner Leistungen realistisch einzuschätzen. Am Ende der „Kette" von starren Sollvorstellungen von Herrn XY. steht die Befürchtung „Wenn ich abgelehnt werde, fühle ich mich wertlos.", die durch weitere Sollvorstellungen wie „Ich darf nicht versagen." und „Ich muss erfolgreich sein." unterstrichen wird. Im Alltag zeigen sich bei Herrn XY. vor allem starre Soll-vorstellungen im konkreten Tun und Machen, die seine Prokrastinationstendenzen unterstützen und ihn somit vor dem befürchteten negativem Feedback bewahren: „Ich muss erst einmal meine Unterlagen auf Vordermann bringen", „Es darf nicht sein, dass ich einer guten Freundin nicht helfe, wenn ich zu Hause bin." Dahinter steht für Herrn XY. die Erkenntnis: „Wenn ich keine Bewerbungen versende, können diese – und damit ich – auch nicht negativ bewertet werden." Durch das Aufdecken dieser Sollvorstellungen wird Herrn XY. im weiteren Verlauf der Sitzungen klar, dass seine Handlungsstrategie ein Paradox darstellt, da sie seinem Anspruch, erfolgreich sein zu „müssen" im Wege steht. Seinen bisherigen beruflichen Erfolg nimmt Herr XY. als reinen Zufall wahr, nicht aber als positives Feedback für seine Leistungen. Um sich mit seinen Befürchtungen und Ängsten auseinanderzusetzen, wird in den nachfolgenden Sitzungen daran gearbeitet, die Möglichkeit in Betracht zu ziehen, dass es auch mal sein kann (wie bei jedem Menschen), dass Herr XY. keine gute Leistung erbringt, und dabei das Gefühl von Wertlosigkeit auszuhalten. Für die Arbeit an der Selbstwertsteigerung wurde mit Herrn XY. in den nachfolgenden Sitzungen ressourcenorientiert und stabilisierend gearbeitet. Herrn XY. gelang es langsam, kleinere Erfolge seiner Selbstwirksamkeit zuzuschreiben, was im Gegenzug dazu führte, dass ihn Rückschläge nicht mehr so stark emotional trafen und bezüglich seiner Bewerbungsaktivitäten lähmten.

4.2 Welche Anwendungsmöglichkeiten gibt es als Gruppenangebot in Betrieben?

Wie in den vorangegangenen Kapiteln beschrieben, ist die Introvision wirksam bei Stress, Burnout(-prävention) und bei Konflikten, aber auch dann, wenn es um das Thema Entscheidungen geht. Entsprechend können Sie die „Introvision light" sehr gut als eine Kurseinheit im betrieblichen Stressbewältigungskurs einsetzen. Mit „Introvision light" meinen wir, dass Sie als Therapeut die Kerngedanken der Introvision mit einem Fallbeispiel zum Thema Stress präsentieren und mit den Kursteilnehmern darüber ins Gespräch kommen. Anschließend können Sie in Kleingruppen weiterarbeiten und Übungen anbieten, die den Teilnehmern die starren Soll-Vorstellungen z. B. in der Gesellschaft und im Betrieb transparent machen. Danach können unterschiedliche Ängste in Kleingruppen herausgearbeitet werden, die hinter den starren Soll-Vorstellungen stecken. Die „Introvision light" kann auch im betrieblichen Konfliktmanagementkurs sehr förderlich sein, weil es den Teilnehmern hilft zu verstehen, welchen Anteil sie selbst und auch ihr Konfliktpartner bei der Konfliktentstehung haben. Auch hier können Sie die Kerngedanken der Introvision mit einem Konfliktfallbeispiel vorstellen und in der Gruppe diskutieren.

Anschließend können Sie in Kleingruppen herausarbeiten lassen, a) wann es vor dem Hintergrund der Introvision zu Konflikten kommen kann und b) welche wiederkehrenden Konflikte die Kursteilnehmern von sich selbst kennen und welche Ängste dahinter stecken könnten. Eine weitere Übungsmöglichkeit besteht auch darin, in Kleingruppen explorieren zu lassen, warum das Aussprechen von Ärgernissen und Konflikten so schwierig ist, d. h. welche Ängste wohl dabei beteiligt sein könnten. Auch bei dem Thema Entscheidungsfindung kann die „Introvision light" helfen, eine Entscheidung zu treffen, die nicht nur den Verstand, sondern auch das Gefühl miteinbezieht. Neben der o.g. Darstellung der Kerngedanken der Introvision und einem Fallbeispiel, ist zunächst die Kerntechnik der Introvision sehr hilfreich, um unterschiedliche Entscheidungsmöglichkeiten zu imaginieren und die dabei auftretenden positiven oder negativen Körpergefühle als „somatische Marker" (Storch 2011) für oder gegen eine Entscheidung wahrnehmen zu können. Darüber hinaus können unterschiedliche Entscheidungsmöglichkeiten auf starre Soll-Vorstellungen und Ängste überprüft werden: Was befürchte ich, wenn ich Möglichkeit A, B, … mache bzw. nicht mache?

4.3   Welche Anwendungsmöglichkeiten gibt es in der beruflichen Rehabilitation für psychisch erkrankte Menschen?

Die Inklusion von Menschen mit psychischen Erkrankungen in Arbeitswelt und Gesellschaft gewinnt zunehmend an Bedeutung. Die Integrationsfirma und Reha-Einrichtung Bergedorfer Impuls GmbH in Hamburg www.bergedorfer-impuls.de verfolgt diesen Inklusionsgedanken und unterstützt Menschen mit einer psychischen und psychosomatischen Erkrankung oder einem Handicap dabei, die gleichberechtigte Teilhabe am Leben in der Gesellschaft und am Arbeitsleben sowie ein weitgehend selbstbestimmtes Leben zu führen.

In der beruflichen Rehabilitation[1] geht es für die Rehabilitanden darum, wieder „fit" für den Arbeitsmarkt zu werden, eine realistische berufliche Anschlussperspektive zu entwickeln und sich im Vorwege darin praktisch zu erproben. Hierbei steht vor allem die Erlangung und Aufrechterhaltung einer dauerhaft psychischen Stabilität im Vordergrund. Die Introvision setzt genau hier an und wird bereits seit mehreren Jahren erfolgreich im Bergedorfer Impuls im Gruppen- und Einzelsetting angewendet. Die Einrichtung arbeitet nicht therapeutisch und die Introvision leistet in diesem Kontext auch keinen therapeutischen Anteil. In der Zusammenarbeit steht der Bergedorfer Impuls jedoch im engen Austausch mit den Therapeuten der

---

[1] SGB IX, § 33 Leistung zur Teilhabe am Arbeitsleben.

Rehabilitanden und leistet psychologische und (sozial-) pädagogische Unterstützung. Durch die vorhandene Therapieerfahrung finden die Rehabilitanden meist schnell einen Zugang zur Methode. Daher sind ihnen viele Inhalte der Introvision vertraut und häufig nehmen die Teilnehmer die erarbeiteten Ergebnisse mit in ihre Therapiesitzungen um dort mit ihnen therapeutisch weiterzuarbeiten.

Im Gruppensetting

Im Introvisionskurs werden mit unterschiedlichen Übungen die ersten starren Sollvorstellungen, die auf der „Oberfläche" (vgl. Abb. 2.1, Soll-Vorstellung auf der Welle) liegen, herausgearbeitet. Oft geht es dabei auch um den eigenen überhöhten Anspruch im Arbeitsleben, der bei den Teilnehmern zu einer inneren Drucksituation führt. Dieser Druck kann z. B. mit starren Sollvorstellungen, wie „Ich darf keine Fehler machen.", „Ich muss es immer allen recht machen." oder „Ich muss immer einen guten Eindruck machen" verbunden sein. Mit unterschiedlichen Übungen entwickeln die Teilnehmer ein sensibilisiertes Gespür dafür, in welchen (Arbeits-)Situationen ihre Sollvorstellungen aktiv sind und durch die Wahrnehmung ihrer Ängste und Befürchtungen kommt es zu einem veränderten Umgang mit ihnen, der die psychische Stabilität fördert.

Im Einzelsetting

In der beruflichen Rehabilitation werden die Teilnehmer von einer Psychosozialen Fachkraft (PSF) begleitet. Auch Hürden, Blockaden und Ängste, die im Zusammenhang mit dem Arbeitsleben stehen, werden gemeinsam mit der PSF besprochen. Die Inhalte aus dem Kurs können hier in der Einzelarbeit aufgegriffen werden. Auch im Einzelsetting eignet sich die Introvision hervorragend, um die starren Sollvorstellungen aus dem Berufsleben aufzugreifen. Hier wird in einem vertraulichen Rahmen der Umgang mit den starren Sollvorstellungen eingehender besprochen und es werden hierzu Handlungsstrategien erarbeitet, die die psychische Stabilität langfristig fördern.

In einem geschützten Rahmen können die Rehabilitanden ihre neue Sicht- und Handlungsweise – z. B. in dem sie den überhöhten Anspruch loslassen und auch ihre eigenen Bedürfnisse kommunizieren – im Alltag des Betriebes ausprobieren, noch bevor sie in den allgemeinen Arbeitsmarkt zurückgehen. Das gibt ihnen Sicherheit und Selbstvertrauen. Die Wirksamkeit der Introvision zeigt sich z. B. dadurch, dass die Rehabilitanden an Selbstwertgefühl und Selbstbewusstsein hinzugewinnen, Entscheidungen für ihre berufliche Zukunft treffen, den Mut finden, sich auf geeignete Arbeitsstellen zu bewerben, Vorstellungsgespräche wahrnehmen, in angemessener Weise ihre Bedürfnisse im Arbeitsalltag kommunizieren und sich bei Bedarf auch mal abgrenzen können.

Was Sie aus diesem Essential mitnehmen können

- Wie die Introvision eine effektive und effiziente Möglichkeit bietet, die kontinuierlich zunehmenden stress- und angstassoziierten Erkrankungen zu therapieren
- Wie Introvision Schritt für Schritt in der Praxis angewendet wird
- Welche Vielfalt an Anwendungsmöglichkeiten es für die Introvisionstherapie gibt
- Dass die Introvision eine flexible Therapiemethode ist, die kontinuierlich weiterentwickelt und mit anderen Methoden kombiniert werden kann und auch sollte

© Springer Fachmedien Wiesbaden 2016
M. Neumann, K. Heck, *Introvision bei Stress- und Angstbewältigung,* essentials,
DOI 10.1007/978-3-658-12035-1

Literatur

Alam M (2009) Konstatierendes Aufmerksames Wahrnehmen als Methode der Förderung von Aufmerksamkeit bei Schülern. Eine praktische Untersuchung. Unveröffentlichte Staatsexamensarbeit, Universität Hamburg

Baer U (2005) Das ungelebte Leben. Therap Kreat 3:3–13

Baer U (2012) Kreative Leibtherapie. Das Lehrbuch. Semnos, Neukirchen-Vlyn

Baer U, Frick-Baer G (2009) Gefühlslandschaft Angst. Beltz, Weinheim

Beck AT (2009) Kognitive Therapie der Depression. Beltz, Weinheim

Benthien O (2010) Stressreduktion im Leistungssport durch die pädagogisch- psychologische Methode der Introvision: eine theoretische und empirische Untersu- chung am Beispiel des Segelsports. Dissertation, Universität Hamburg

Buth B (2012) Introvision als Coachingmethode für Tinnitusbetroffene – eine empirische Studie. Springer VS, Heidelberg

Chopich E, Paul M (2014). Aussöhnung mit dem inneren Kind. Ullstein, Freiburg im Breisgau

Ellis A (1993) Grundlagen der Rational-Emotiven Verhaltenstherapie. Pfeiffer, München

Gemeinsamer Bundesauschuss (2015) Psychotherapie-Richtlinie Stand: 3. Januar 2015 des Gemeinsamen Bundesauschusses über die Durchführung der Psychotherapie (Psychotherapie-Richtlinie), zuletzt geändert am 16. Oktober 2014 veröffentlicht im Bundesanzeiger (BAnz AT 02.01.2015 B2) in Kraft getreten am 3. Januar 2015

Harris R (2013) Wer vor dem Schmerz flieht, wird von ihm eingeholt. Kösel-Verlag, München

Heck K (geb. Freiwald) (2009) Perfektionismus und Zwangshandlungen von Erwachsenen im Alltag. Eine empirische Interventionsstudie mit Hilfe der pädagogisch-psychologischen Methode der Introvision. Unveröffentlichte Diplomarbeit, Universität Hamburg

Jachertz N (2013) Psychische Erkrankungen: Hohes Aufkommen, niedrige Behandlungsrate. Ärzteblatt PP 12(2):61–62

Kast V (2010) Was wirklich zählt, ist das gelebte Leben. Kreuz, Freiburg im Breisgau

Koeslin J (2011) Psychiatrie und Psychotherapie für Heilpraktiker. Urban & Fischer, München

Lammers CH, Berking M (2008) Emotionsbezogene Therapeutische Techniken zur Behandlung von psychischen Erkrankungen. J Neurol Neurochir Psychiatr 9:30–34

Linden M, Hautzinger M (2011). Verhaltenstherapiemanual, 7. Aufl. Springer Medizin Verlag, Berlin

© Springer Fachmedien Wiesbaden 2016

M. Neumann, K. Heck, *Introvision bei Stress- und Angstbewältigung*, essentials, DOI 10.1007/978-3-658-12035-1

Lohmann-Haislah A (2012) Stressreport Deutschland 2012. Psychische Anforderungen, Ressourcen und Befinden. Bundesanstalt für Arbeitsschutz und Arbeitsmedizin, Dortmund

McClure Goulding M, Goulding R (1999) Neuentscheidung. Ein Modell der Psychotherapie. Klett-Cotta, Stuttgart

Möller A (2008) Auflösung von Schreibblockaden durch Introvision: Ergebnisse einer Pilotstudie. Gr Organisat 39:199–211

Neumann M (2013) Introvision. In: Wirtz MA (Hrsg.). Lexikon der Psychologie. Dorsch - 16. Auflage. Hans Huber, Bern, S. 792

Neumann M (2016). Introvision. In: Petermann F et al. Lexikon der Psychotherapie und Psychopharmakotherapie. Hogrefe, Bern, S. 433–434

Oerding J (2014) Mentale Blockaden weiblicher Führungsnachwuchskräfte in Situationen des beruflichen Aufstiegs: Empirische Erhebung und inhaltsspezifische Analyse. Verlag Dr. Kovac, Hamburg

Pape N (2008) Introvision als Entspannungsverfahren – Auflösung von chronischen Nackenverspannungen durch Konstatierendes Aufmerksames Wahrnehmen und Introvision. Gr Organisat 39:184–198

Pennebaker J (2009) Heilung durch Schreiben. Huber, Bern

Pereira Guedes N (2011) Dauerhafte Auflösung chronischer Nackenverspannungen durch Introvision: Eine empirische Untersuchung einer pädagogisch-psychologischen Intervention zur mentalen Selbstregulation. Dissertation, Universität Hamburg

Ramirez G, Bellock S (2011) Writing about testing worries boosts exam performance in the classroom. Science 331:211–213

Riemann F (2011) Grundformen der Angst, 40. Aufl. Ernst Reinhardt, München

Rogers C (2012) Die klientenzentrierte Gesprächspsychotherapie. Client-Centered Therapy. Fischer, Frankfurt a. M.

Stavemann H (2007) Sokratische Gesprächsführung in Therapie und Beratung. Beltz, Weinheim

Storch M (2011) Das Geheimnis kluger Entscheidungen. Piper, München

Sulz S, Deckert B, Gräff-Rudolph U (2011) Strategische Depressionstherapie als Psychiatrische Kurz-Psychotherapie (PKP) – Arbeit mit Sprechstundenkarten. Psychotherapie 2:324–330

Uexküll T von (2003) Psychosomatische Medizin. Urban & Fischer, München

Wagner AC (2011) Gelassenheit durch Auflösung innerer Konflikte: Mentale Selbstregulation und Introvision. Kohlhammer, Stuttgart

Weizäcker V von (1997) Gesammelte Schriften, Bd 4. Frankfurt a. M.

Wittchen HU, Hoyer J (2011) Klinische Psychologie und Psychotherapie. Springer, Berlin

Wöller W, Kruse J (2014) Tiefenpsychologisch fundierte Psychotherapie: Basisbuch und Praxisleitfaden. Schattauer, Stuttgart